CY TWOMBLY

Ausgewählte Fotografien

Selected Photographs

1944–2006

AF608987

CY TWOMBLY

Ausgewählte Fotografien
Selected Photographs
1944–2006

35 Fotografien
aus einer Münchner Privatsammlung

Museum Frieder Burda, Baden-Baden
Schirmer/Mosel, München

Diese Publikation erscheint anlässlich der Ausstellung /
Published on the occasion of the exhibition
„Cy Twombly Ausgewählte Fotografien /
Selected Photographs 1944–2006“
Museum Frieder Burda, Baden-Baden
11.6.–9.10.2016

HERAUSGEBER
Helmut Friedel für die Stiftung Frieder Burda, Baden-Baden

EINFÜHRUNG
Helmut Friedel

AUSSTELLUNGSORGANISATION
Christiane Righetti, Museum Frieder Burda

The text by Helmut Friedel was translated from the German by Roger W. Benner.

© 2016 für die Fotografien von Cy Twombly
bei Fondazione Nicola Del Roscio, Rom
© 2016 für die Einleitung bei Helmut Friedel
© 2016 für diese Ausgabe bei Museum Frieder Burda, Baden-Baden
und Schirmer/Mosel, München

Dieses Werk einschließlich aller seiner Teile ist urheberrechtlich geschützt. Sämtliche Arten der Vervielfältigung oder der Wiedergabe dieses Werkes sind ohne vorherige Zustimmung des Verlages unzulässig und strafbar. Dies gilt für alle Arten der Nutzung, insbesondere für den Nachdruck von Texten und Bildern, deren Vortrag, Aufführung und Vorführung, die Übersetzung, die Verfilmung, die Mikroverfilmung, die Sendung und die Einspeicherung und Verarbeitung in elektronische Medien. Zuwiderhandlungen werden verfolgt.

LITHO: Bayermedia, München
DRUCK UND BINDUNG: EBS, Verona

BUCHHANDELSAUSGABE UND VERTRIEB FÜR DEN INTERNATIONALEN BUCHHANDEL
Schirmer/Mosel, München

ISBN 978-3-8296-0784-1

Eine Schirmer/Mosel Produktion
www.schirmer-mosel.com

CY TWOMBLY – STILLE PRÄSENZ

HELMUT FRIEDEL

Als Sechzehnjähriger blickt uns der Künstler in einer Aufnahme aus dem Jahr 1944 an. Bei dieser Fotografie (I) könnte man glauben, sie stamme aus der Kamera von William Henry Fox Talbot und datiere 100 Jahre früher. Cy Twombly posiert hier nämlich vor der Staffelei, unter dem Malschirm und mit der Palette von Charles Woodbury, wobei der Bildausschnitt oval begrenzt ist und das Blatt rosa getönt, wie das bei Fotografien des mittleren 19. Jahrhunderts üblich war. Was versuchte der Junge, der sich in die Rolle des Landschaftsmalers Charles Woodbury (1864–1940) in Ogunquit, MN versetzte, damit mitzuteilen? Und weshalb hat der spätere Künstler dieses Bild von sich gelten lassen?

Das Bild hat etwas romantisch Unschuldiges. Es ist entstanden aus dem Schwarzweiß einer Aufnahme, die durch die unterschiedliche Schärfe der Zeichnung im Gesicht, besonders in den Augen des jungen Mannes ihren Fokus findet, verschmolzen mit einer Farbigkeit des Hintergrunds, die wir auch bei Pastellen des Rokoko sehen – oder doch vielleicht eher in den Rosatönen kolorierter Postkarten der 10er und 20er Jahre des vergangen Jahrhunderts beobachtet haben? Wollte Twombly damit zeigen, dass er aus einer Zeit kommt, in der das Staffeleibild noch nicht obsolet war? In der der Maler seinem Bildgegenstand gegenüber saß? Vermitteln nicht seine Fotografien eben diese Nähe und Unmittelbarkeit zum Sujet, und zwar unter technisch so reduzierten Möglichkeiten, dass sie aus jeder Zeit zu fallen scheinen?

Zehn Jahre später führen uns seine Fotografien in sein Atelier in der Fulton Street in Manhattan, New York, das er damals mit Robert Rauschenberg teilte. Die Aufnahmen von annähernd quadratischem Format zeigen uns zuerst einige seiner Gemälde von 1954 und schwenken dann über zur Ateliersituation, wobei der Ort des künstlerischen Schaffens bühnenreif inszeniert erscheint. Eine große schwarzgrundige Leinwand, an die Wand geheftet, übersät von weißen Zeichen, die mal an Schriftzeichen einer unbekannten Kultur, dann an verwischte Planskizzen erinnern und ein geheimnisvolles Netz über dem dunklen Grund bilden (II). In weiteren Aufnahmen schiebt Twombly kleinerformatige Leinwände mit verwandter Bildauffassung vor und an das Hintergrundbild (III–V). Die Narration der Zeichnungen – es sind vielleicht doch eher halb verwischte Kinderzeichnungen in Kreidestrichen, die in dunklen Hinterhöfen an den Hauswänden vergessen wurden – gewinnt an Räumlichkeit, indem sich die Tafelbilder vor dem großen „Wandbild" schichten und verschachteln. Eine Bühne der Malerei wie ein Labyrinth, das der Maler uns da zeigt, zugleich öffnet er uns aber auch sein Studio und zeigt es uns als Bühne (VI). Haben sich auch die Utensilien, mit denen der Künstler seine Werkstatt besiedelt und seine Vorstellungswelt dekoriert, gegenüber den Ateliers vergangener Jahrhunderte verändert, so bleibt es doch auch bei Cy Twombly beim inszenierten Schauplatz, an dem der Schöpfungsprozess sich ereignet.

Einmal gleitet der Blick von Cy Twombly hinüber zu dem „combine material" seines Künstlerkollegen Robert Rauschenberg (VII/VIII). Dabei sticht sofort ins Auge, dass sich das Licht den Ort grell erleuchtend erobert hat und nur die dunkelsten Tiefen der Rückwand und der im Schatten liegenden Partien als schwarze Zeichen im Gesamtbild bestehen lässt. Die Perspektive scheint fast aufgehoben zugunsten einer Gesamtschau, in der Lichtflecken durch den Raum tanzen. Und zugleich tritt eine Unschärfe in die Darstellung, die dem Gezeigten einen Schleier überzieht. Der Blick wird so in die Regionen des Geheimnisvollen geleitet – erinnernd an das Spähen, Erspechten oder „Luren", wie wir als Kinder im bayrischen Dialekt sagten, wenn wir bei unseren Spielen durch einen schmalen Lichtspalt aus der Augenbinde etwas erhaschten. Diese engen Sehschlitze neben der Nase öffneten Lichtblicke, eingefasst von unscharfen schwarzen Rändern, und ließen das Wenige, das erkennbar wurde, nur undeutlich und beinahe aller Farbigkeit beraubt sichtbar werden. Aber angereichert mit dem schleierhaft Geheimen konnte es uns in den Bann einer eigenen, anderen Welt ziehen, den der Imagination. Beim Öffnen eines Auges, um aus dem Halbschlaf in die Wirklichkeit zurückzufinden, bei diesem zaghaften Blinzeln schaut man auch als Erwachsener noch immer in eine andere Welt, die irgendwo zwischen Traum und Realität angesiedelt ist. In ihr erscheint vieles genauer im Sinne einer Stimmung, wenn auch nicht präzise als Reproduktion von Wirklichkeit.

In diese Welt der Empfindungen führen uns die Pfingstrosen und Rosen, die Cy Twombly 1980 in Bassano in Teverina (bei Viterbo) und 2004/06 in Gaeta fotografierte. Diese Ansichten wolkenähnlicher Blütengebilde haben eine Wandlung hin zu einer geradezu fleischlichen Sinnlichkeit vollzogen (X–XIII). Traumgebilden scheinen sie zu gleichen, ungeeignet zum botanischen Studium, emotional erregend und schon sehr nahe dem gemalten Bild von Blüten, das der Künstler anstrebte (XIV).

Während ich diese Zeilen schreibe, sitze ich am Strand unweit von Gaeta, dem Ort der letzten Lebensjahrzehnte des Malers, und habe über Stunden und Tage das unvergleichliche Naturschauspiel von Himmel und Meer vor meinen Augen, das in keinem Punkt zu erfassende Zusammentreffen von Farblichtebenen, die sich vom fahlen Weißgrau zu allen Tönen aufschwingen können – Rosa, Violett, Malve zu Blau, von Ultramarin zum zartesten Hellblau, flaumgleich, zu Silber-, Blei- und Schiefergrau und schließlich zu einem Fest der Rottöne im Sonnenuntergang

– rot die Bucht von Neapel, 1994 (XXVIII), blau der Wald von Lexington, 2002 (XVIII) und blassrosa die Bucht von Gaeta, 2005 (XV–XVII). Die Schönheit dieser Naturansichten basiert auf dem zarten Sfumato, dem Schleier, der Konturen gnädig überspielt, der den weichen Übergängen an Helligkeit und Tönen ein weites Feld überlässt und schließlich jede Sensation vermeidet. So bleibt in der Offenheit des Bildzustandes viel mehr zu sehen als ein bestimmtes Bild hergeben kann. Ich beobachte dieses ungeheuer schöne und große Schauspiel, das sich vor meinem Auge abspielt und für das ich weder Worte noch Bilder habe, es einzufangen. Da helfen die Foto-Bilder von Twombly. Sie filtern das blendend Spektakuläre aus und finden zu grandioser, einfacher Ruhe.

Noch ein Bild von Sonne und Sommer! Schatten zeichnen sich ab auf den Vorhängen, die vor ein Fenster gespannt sind (Lexington, 1997, XIX–XXI). Das Sonnenlicht wirft die dunklen Umrisse von Blättern auf die Folie der Stoffbahnen. Leicht im Wind bewegt werden die Konturen unscharf, verschwimmen und führen so ein eigenes Leben zwischen Wirklichkeit und Fiktion. Man muss hier nicht Platons Höhlengleichnis bemühen, kann sich aber vielleicht in diese Stimmung versetzen, wenn greller Sonnenschein durch die Ritzen einer Jalousie gestreiftes Licht auf die Wand wirft und die Welt draußen, Bäume oder vorbeigehende Menschen ihr Schattenbild in den Raum projizieren. Die stille Präsenz, körperlos und ohne Farbe, als Äquivalent der äußeren Welt zur eigenen Verträumtheit.

Bei einem Großteil der Aufnahmen dieser Sammlung richtet Cy Twombly seinen Blick auf eigene Skulpuren (XXIV–XXVII, XXXI–XXXIV), die zwischen 1992 und 2002 entstanden sind. Warum sind Skulpturen und andere Objekte wie des Künstlers Pantoffeln (XXXV) oder Brot (XXIX) und weniger die eigene Malerei solcher Betrachtung durch die Kameralinse wert? Liegt es weiterhin an der Entrückung der Wirklichkeit mittels der Unschärfe der Fotografie, durch die ein

„Zwischen-Raum“ entsteht? In ihm wandeln sich die real greifbaren Gegenstände zu Erscheinungen, nehmen Nachbarschaften zu anderen Dingen auf, verändern die Gestalt der oft nur im Detail wiedergegebenen Skulpturen. Sie führen, unter der Kondition von Beleuchtung und Schatten aufgenommen, ein Eigenleben in den Aufnahmen, werden zu Visionen, wobei uns der Künstler Ansichten zeigt, die so kaum vor den Originalen zu sehen sind. Twombly gelingt es, mittels der Bildtechnik der Fotografie eine andere Wirklichkeit zu kreieren. Diese Option schien ihm vor den eigenen Gemälden seltener einlösbar zu sein. So widmen sich seine Aufnahmen dem Raum, seinen Lichterscheinungen und eröffnen durch die Unschärfe Einblicke in eine überreale Wirklichkeit. Könnte man von einer wesentlichen Richtung der Fotografie sagen, dass sie sich die höchste Präzision der Wiedergabe von Realität zur Aufgabe gemacht hat, so zielen Cy Twomblys fotografische Bilder darauf ab, uns durch weitgehende Auflösung und Verschleierung eine vorgestellte, imaginierte Welt zu erschließen.

CY TWOMBLY – A QUIET PRESENCE

HELMUT FRIEDEL

The artist gazes out at us from a photograph dated 1944. One could easily imagine that it was taken by the camera of William Henry Fox Talbot 100 years earlier (I). Palette in hand, Cy Twombly poses beneath a parasol at the easel of Charles Woodbury. The image is cropped into an oval and rose tinted as was customary with photographs of the mid-19th century. What was the boy trying to tell us when he slipped into the role of landscapist Charles Woodbury (1864–1940) in Ogunquit, Maine? And why did he later sanction this image of himself?

The image has a romantic innocence. It radiates from a photograph taken in black & white that, due to the varying degree of distinctness of the face, is especially focused on the eyes of the young man and blends into the hues of the background much like a rococo pastel. Or is it perhaps more reminiscent of the rose tinted postcards of the 1910s and 1920s? Was Twombly endeavoring to show that he came from a time in which the easel was not yet obsolete? In which the painter sat opposite his pictorial object? Do not his photographs convey this same proximity and immediacy, employing such technically reduced means that they seem to belong to no particular time?

Ten years later, his photographs take us to his Fulton Street studio in Manhattan, which he was sharing with Robert Rauschenberg at the time. All the photos are in a more or less square format; the first ones show us some of his paintings from 1954 and then switch over to the studio itself, whereby the scene of artistic creativity seems overtly staged. One shows a black canvas affixed to the wall and covered with white characters reminiscent of the hieroglyphics of a lost culture or blurred planning sketches that form a mysterious web against the dark background (II). On other photos, Twombly places smaller canvases with similar imagery in front of the aforementioned painting (III–V). The story the drawings have to tell – in fact they resemble half-erased and forgotten children's drawings done in chalk on the walls of a dark alley – gain depth by stacking and interleaving the panel paintings in front of the larger "wall painting." The painter presents his studio as a mise en scène of painting that is much like a labyrinth. At the same time, he opens the door to his studio and reveals it to us as a stage set (VI). And although the utensils with which the artist has populated his studio and decorated his mindscape have changed in comparison to centuries gone by, it nevertheless remains a mise en scène in which the creative process takes place – and Cy Twombly's studio is no exception.

On one occasion Cy Twombly's gaze wanders over to the "combine material" of his fellow artist Robert Rauschenberg (VII/VIII). It immediately strikes us that blinding light has taken possession of the place, leaving only the darkest recesses of the rear wall and the shadowed areas as black characters in the overall picture. Perspective has nearly been suspended for the sake of a comprehensive view in which spots of light dance about the room. At the same time, a blurriness comes into play that casts a veil over the scene. The eye is thus led into mysterious regions – much in the way playing children sneak a peek through a gap in a blindfold. Surrounded by indistinct black borders, these tiny vision slits near the nose let bits of light in, and what little can be seen is obscure and nearly without color. Yet enriched by that mysterious secrecy, it could place us under the spell of another world of our very own: the world of imagination. Even as adults, when we open one eye in order to find our way back from semi-sleep to reality and are still tentatively

Die lieferbaren Bücher von **Cy Twombly** bei Schirmer/Mosel

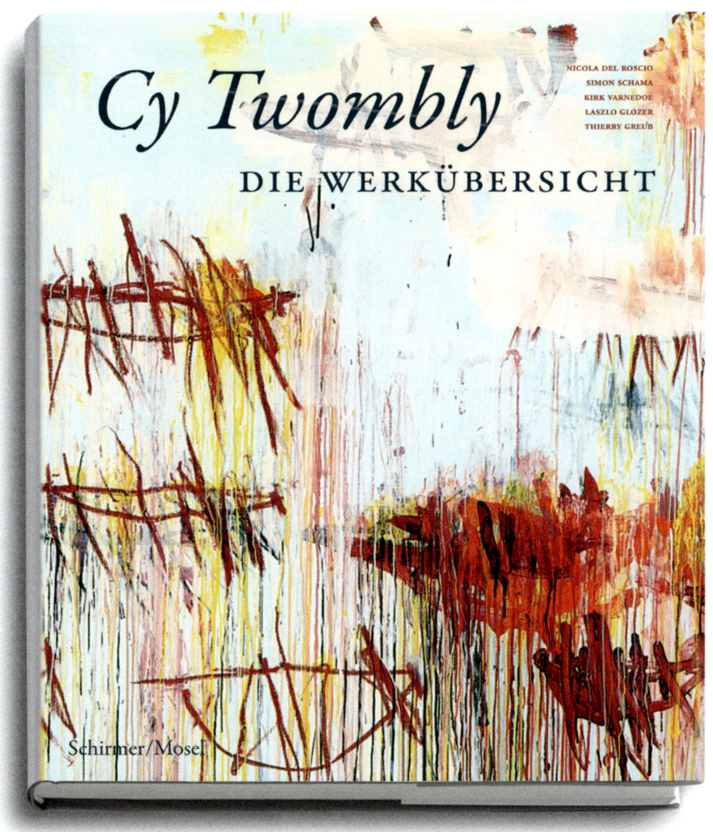

Die Werkübersicht
240 Seiten, 182 Farbabb.
gebunden, 25 x 29 cm
ISBN 978-3-8296-0656-1
€ 58,–

www.schirmer-mosel.com

Stand: 06/16
Änderungen vorbehalten

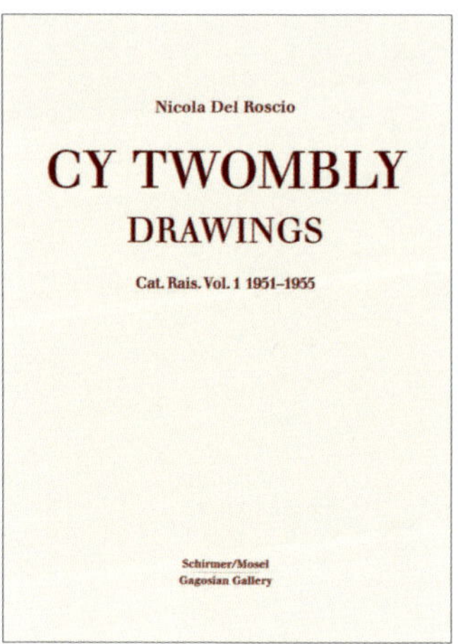

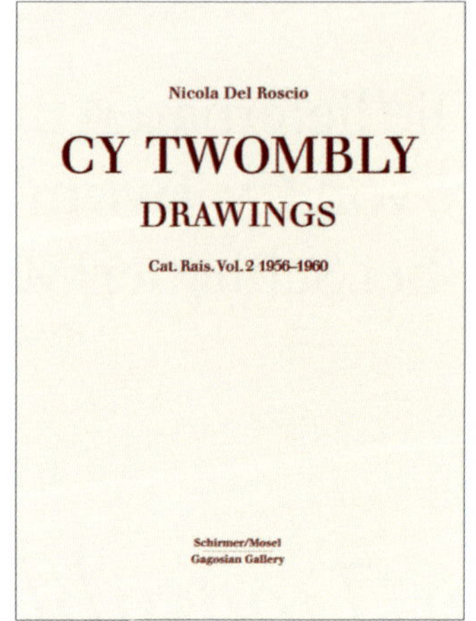

Drawings. Cat. Rais. Vol. 1
1951–1955
240 Seiten, 262 Farbabb.
gebunden, 24,5 x 34 cm
Engl. ISBN 978-3-8296-0485-7
€ 128,–

Drawings. Cat. Rais. Vol. 2
1956–1960
308 Seiten, 267 Farbabb.
gebunden, 24,5 x 34 cm
Engl. ISBN 978-3-8296-0486-4
€ 148,–

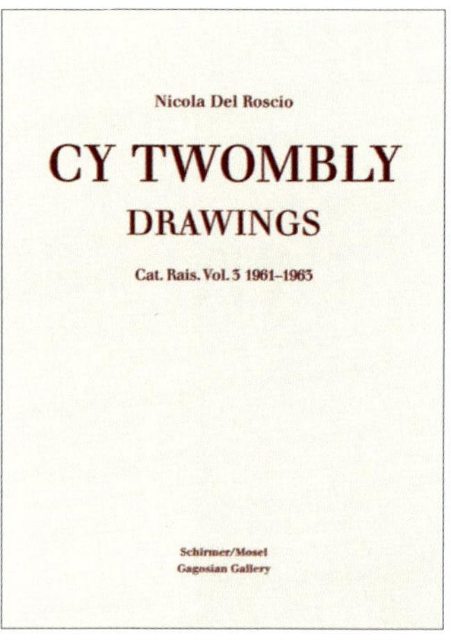

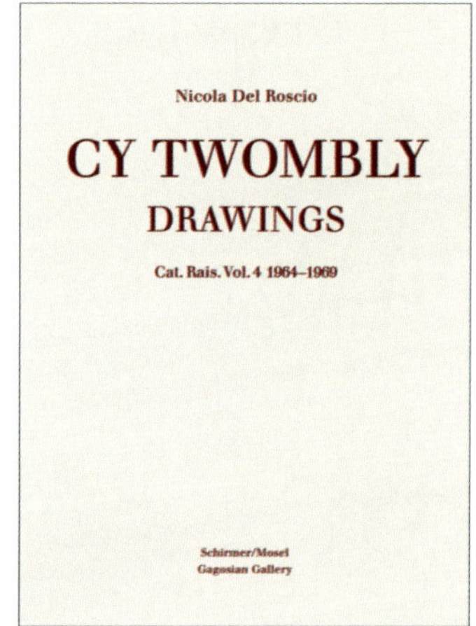

Drawings. Cat. Rais. Vol. 3
1961–1963
216 Seiten, 302 Farbabb.
gebunden, 24,5 x 34 cm
Engl. ISBN 978-3-8296-0487-1
€ 148,–

Drawings. Cat. Rais. Vol. 4
1964–1969
240 Seiten, 334 Farbabb.
gebunden, 24,5 x 34 cm
Engl. ISBN 978-3-8296-0488-8
€ 148,–

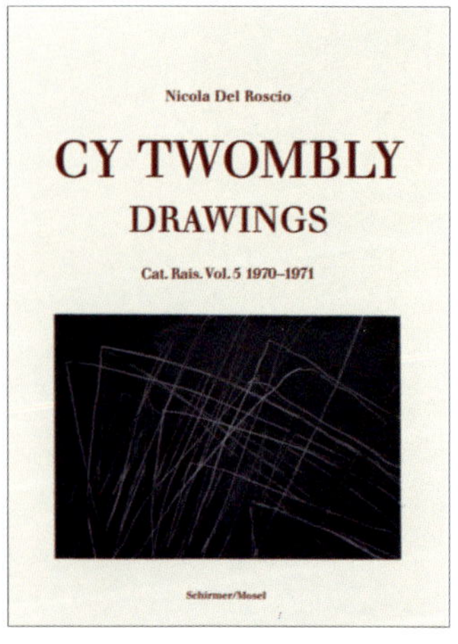

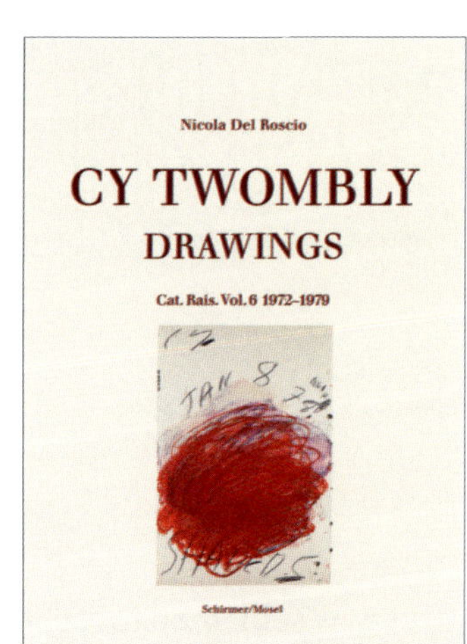

Drawings. Cat. Rais. Vol. 5
1970–1971
200 Seiten, 215 Farbabb.
gebunden, 24,5 x 34 cm
Engl. ISBN 978-3-8296-0489-5
€ 148,–

Drawings. Cat. Rais. Vol. 6
1972–1979
288 Seiten, 406 Farbabb.
gebunden, 24,5 x 34 cm
Engl. ISBN 978-3-8296-0760-5
€ 168,–

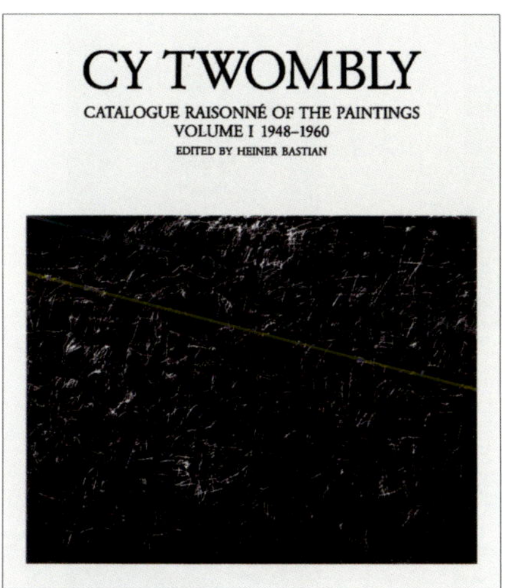

Catalogue Raisonné der Gemälde
Band I: 1948–1960
312 Seiten, 183 teils farbige Abb.
gebunden, 26,5 x 30,5 cm
Dt./Engl. ISBN 978-3-88814-463-9
€ 245,–

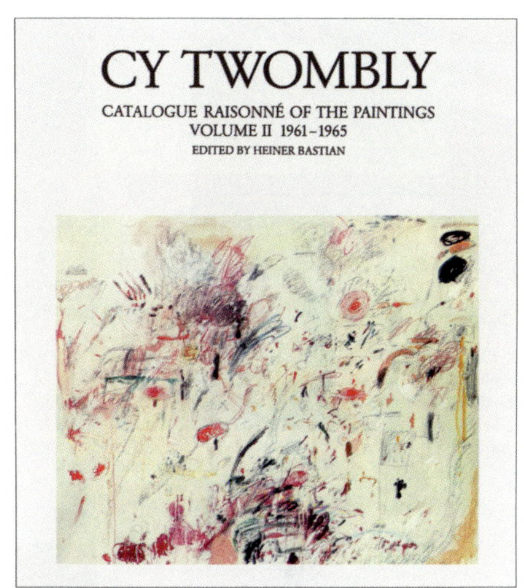

Catalogue Raisonné der Gemälde
Band II: 1961–1965
312 Seiten, 178 teils farbige Abb.
gebunden, 26,5 x 30,5 cm
Dt./Engl. ISBN 978-3-88814-690-9
€ 245,–

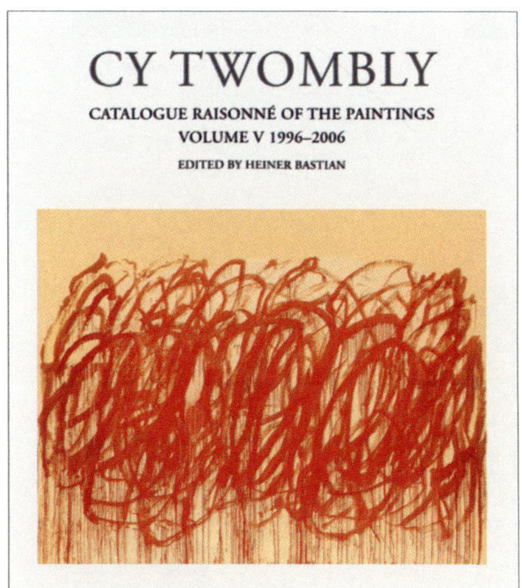

Catalogue Raisonné der Gemälde
Band V: 1996–2007
240 Seiten, 101 teils farbige Abb.
gebunden, 26,5 x 30,5 cm
Dt./Engl. ISBN 978-3-8296-0366-9
€ 198,–

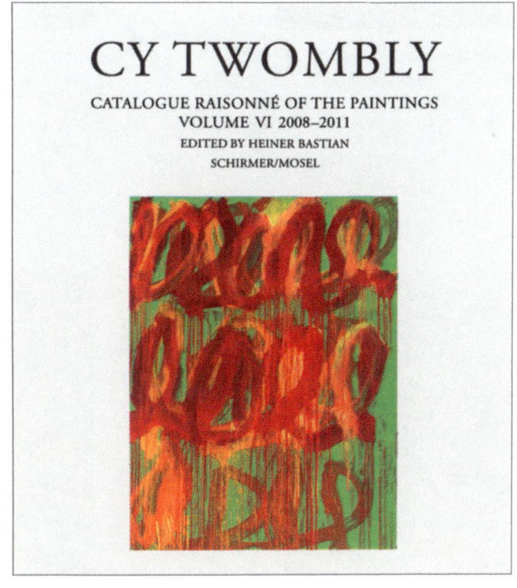

Catalogue Raisonné der Gemälde
Band VI: 2008–2011
184 Seiten, 72 teils farbige Abb.
gebunden, 26,5 x 30,5 cm
Dt./Engl. ISBN 978-3-8296-0688-2
€ 198,–

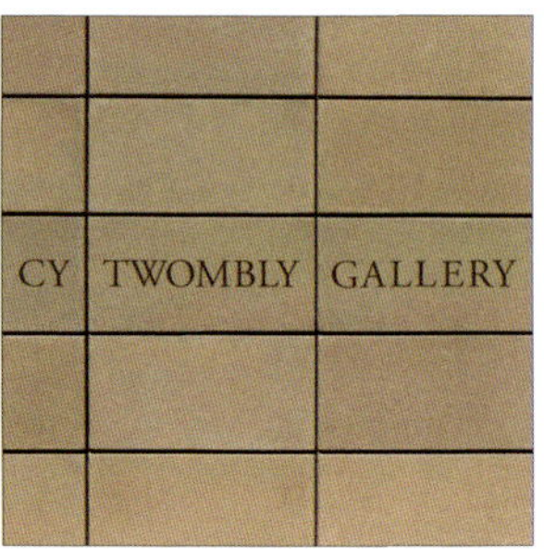

Gallery
220 Seiten, 105 Farbabb.
gebunden, 28 x 28 cm
Dt./Engl. ISBN 978-3-8296-0641-7
€ 58,–

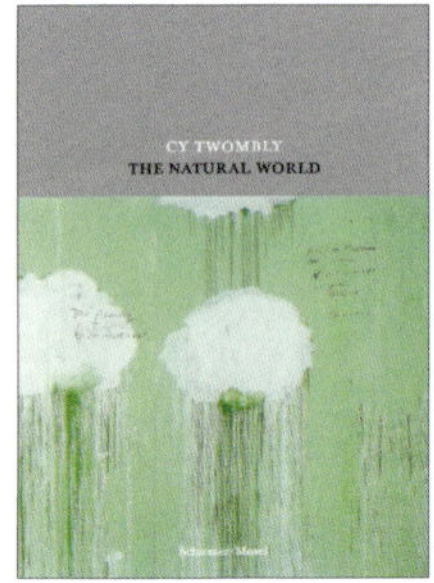

The Natural World
96 Seiten, 31 Farbabb.
gebunden, 17,8 x 24,8 cm
ISBN 978-3-8296-0416-1
€ 39,80

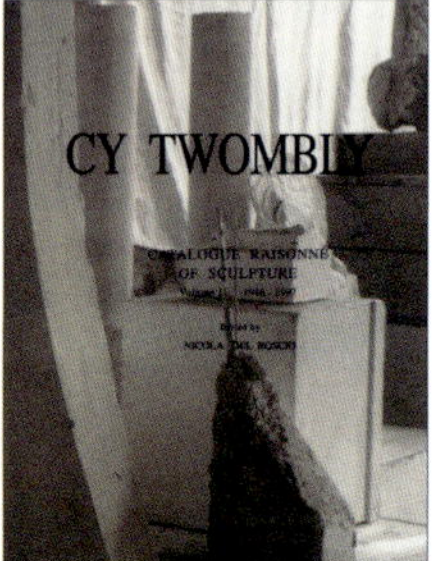

Catalogue Raisonné of Sculpture
350 Seiten, 160 Farbabb.
gebunden, 24,5 x 34 cm
Engl. ISBN 978-3-88814-875-0
€ 148,–

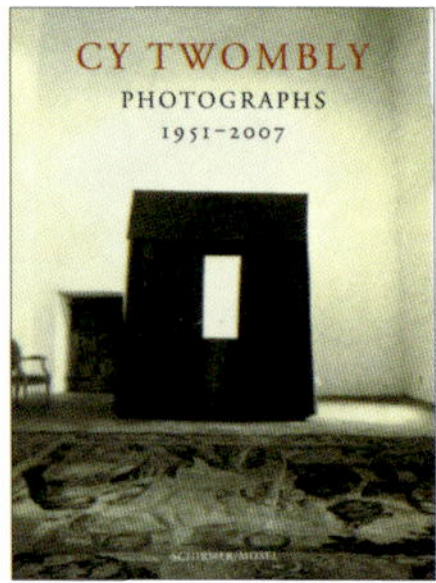

Photographs II 1951–2007
264 Seiten, 182 Farbabb.
gebunden, 24 x 32 cm
Dt./Engl. ISBN 978-3-8296-0368-3
€ 78,–

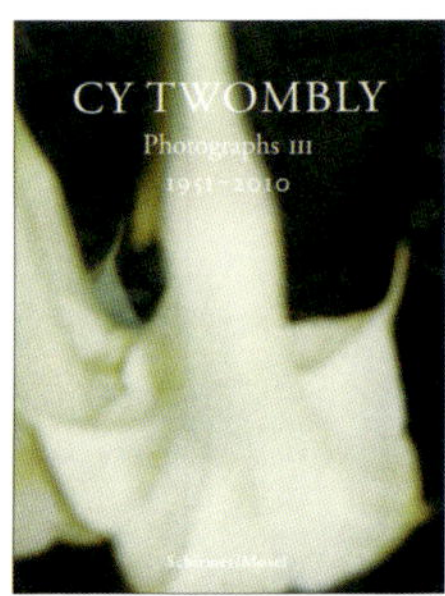

Photographs III 1951–2010
184 Seiten, 104 Farbabb.
gebunden, 24 x 32 cm
Dt./Engl. ISBN 978-3-8296-0537-3
€ 58,–

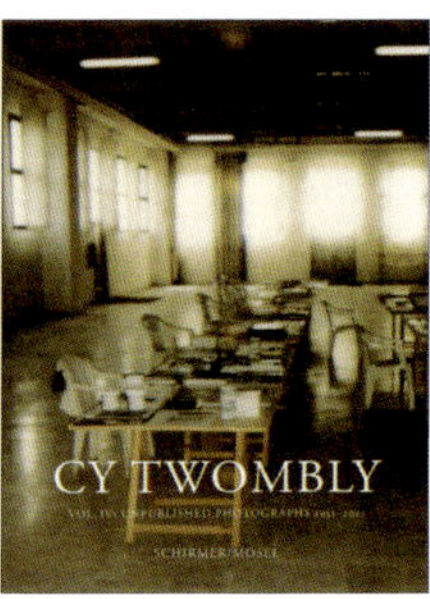

Unpublished Photographs IV
184 Seiten, 111 Farbabb.
gebunden, 24 x 32 cm
Dt./Engl./Frz. ISBN 978-3-8296-0589-2
€ 58,–

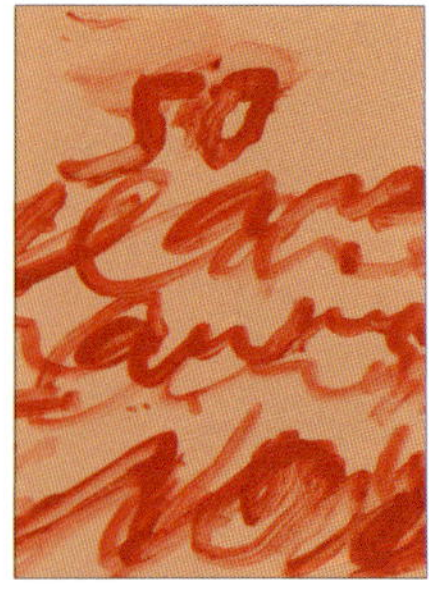

50 Years of Works on Paper
160 Seiten, 85 Farbabb.
gebunden, 24,5 x 34 cm
Engl. ISBN 978-3-8296-0181-8
€ 68,–

SONDERAUSGABE

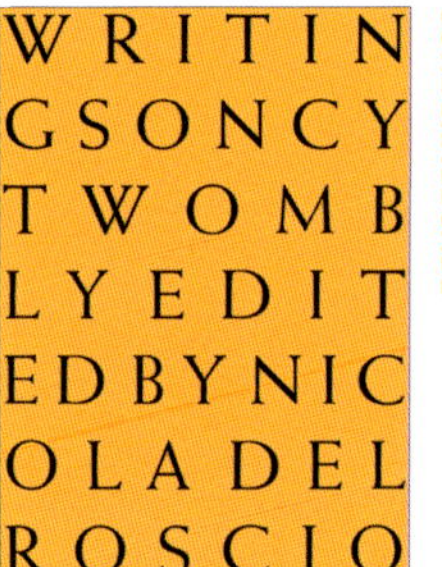

Nicola Del Roscio (Hrsg.)
Writings on Cy Twombly
320 Seiten, 28 Farbabb.
gebunden, 24,5 x 34 cm
Engl. ISBN 978-3-88814-954-2
€ 49,80

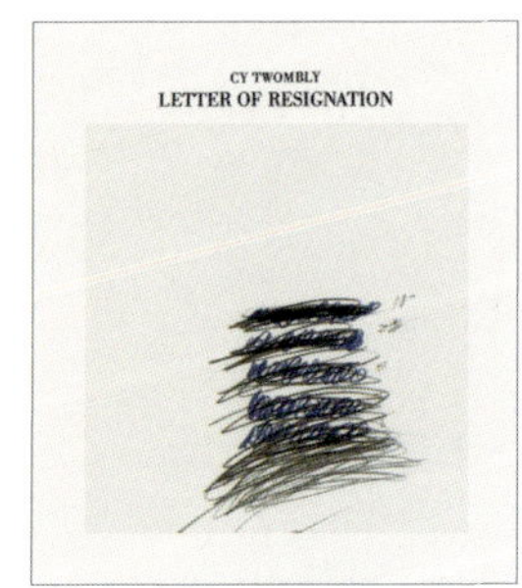

Letter of Resignation
88 Seiten, 38 Farbabb.
gebunden, 24 x 27,5 cm
Dt./Engl. ISBN 978-3-88814-425-7
€ 45,–

squinting, we only catch a glimpse of another world located somewhere between dream and reality. In it, many things appear to be more in tune with our mood, although they are not precise reproductions of reality.

The peonies and roses that Cy Twombly photographed in Bassano in Teverina (near Viterbo) in 1980 and 2004/06 in Gaeta lead us to this world of sentiments. These pictures of cloud-like floral formations have undergone a transformation that lends them an undisguised carnal sensuality (X–XIII). They have the appearance of dream images. Ill-suited for botanical study, they are emotionally stimulating and quite close to the painted image of flowers that the artist was striving for (XIV).

As I write these lines I am sitting on a beach not far from Gaeta, the town where the painter spent the last decades of his life. For hours and days at a time, I see before me the unparalleled natural spectacle of sea and sky. Indefinable levels of colored light converge, ranging from pale whitish-gray to any hue: pink, violet, mauve to blue, from ultramarine to the most delicate light blue, downlike, to silver-, lead-, and slate-gray, and finally to a gala of reddish hues at sundown – the Bay of Naples is red, 1994 (XXVIII), the forest near Lexington is blue, 2002 (XVIII) and the Bay of Gaeta is a pale pink, 2005 (XV–XVII). The beauty of these views of nature derives from soft sfumato, the haze that gently glosses over contours, gives free rein to the soft transitions of brightness and hue, and ultimately avoids all sensationalism. In the candidness of the image there is much more to see than a distinct image can offer. I observe the tremendously beautiful and grand spectacle that transpires before my eyes and have neither words nor images that are capable of capturing it. Twombly's photographic images come to my aid. They filter out the dazzling and spectacular and attain to magnificent, simple tranquility.

Another picture of sun and summer! Shadows appear on the curtains drawn across a window (Lexington, 1997, XIX–XXI). The sunlight casts the dark shadows of leaves onto the fabric. Moving slightly in the wind, the contours become vague, grow blurry, and thus lead a life of their own between reality and fiction. One need not take recourse to Plato's Allegory of the Cave, but one can perhaps be transposed into this mood when bright sunlight shining through the blinds throws stripes of light onto the wall, and the world outside, trees, or people passing by project their shadows into the room. The quiet presence, without body or color, serves as the equivalent of the outside world in relation to one's own reverie.

Cy Twombly devotes the majority of the photographs in this collection to his own sculptures (XXIV–XXVII, XXXI–XXXIV) done between 1992 und 2002. Why are sculptures and other objects such as the artist's house slippers (XXXV) or pieces of bread (XXIX) more worthy of such scrutiny by the camera lens than his own painting? Is it a further example of the rapture of reality using soft focus, by means of which an "inter-space" emerges? Within this space, tangible objects are transformed into apparitions and brought into proximity with other things; the sculptures, which are often shown only in detail shots, take on an altered appearance. Photographed under varying conditions of light and shadow, they lead a life of their own in the pictures. They turn into visions, whereby the artist shows us facets that can hardly be seen when viewing the originals. Using the visual technology of photography, Twombly succeeds in creating an alternate reality, an option he seldom felt able to employ with regard to his own paintings. His photographs therefore concentrate on physical space and its apparitions of light; because of their indistinctness, they provide a glimpse of a superordinate reality. Whereas a major current in photography strives to replicate reality with the utmost precision, Cy Twombly's photographic images extensively employ dissolution and obfuscation in order to explore an envisaged, imaginary world.

TAFELN / PLATES

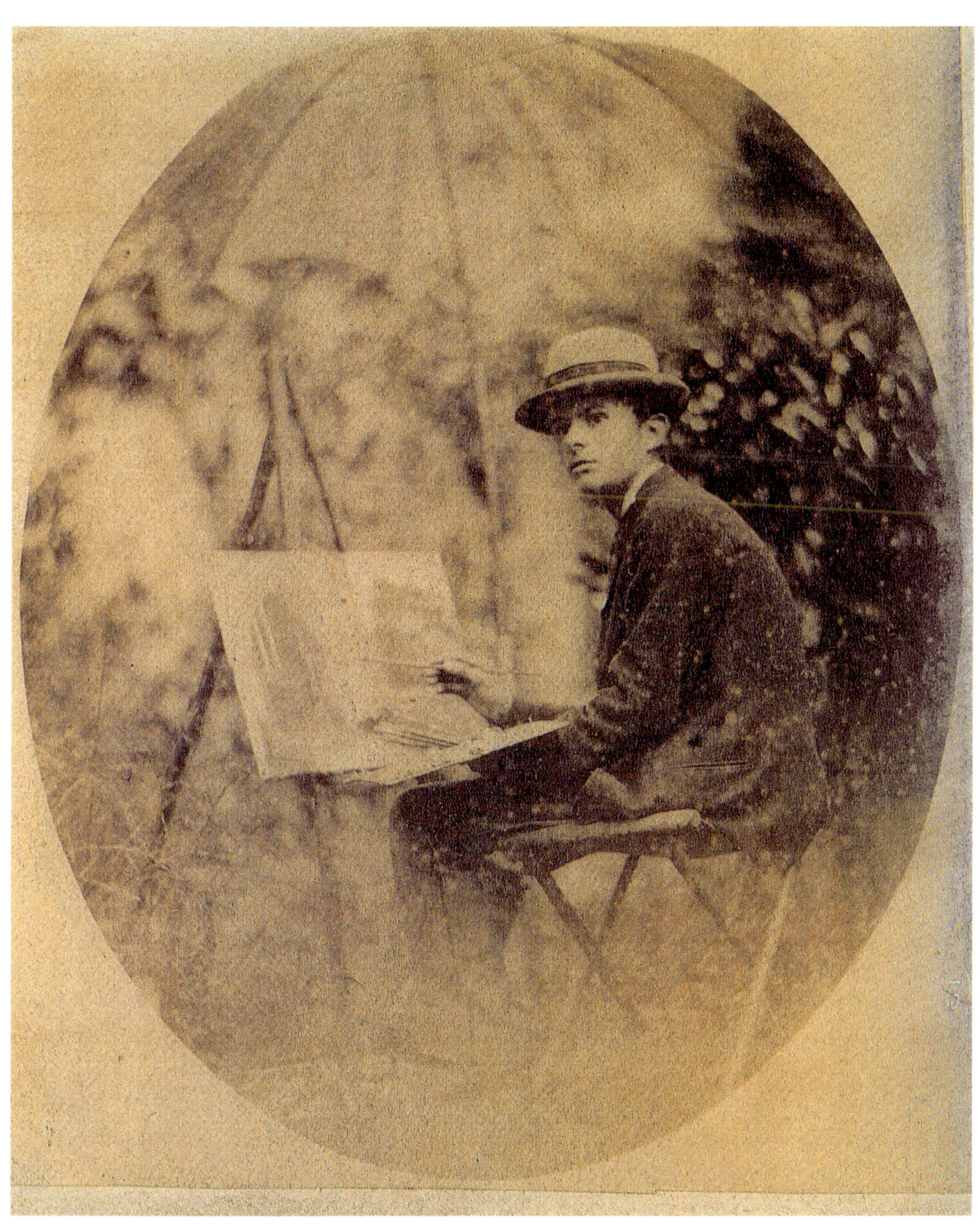

I

II

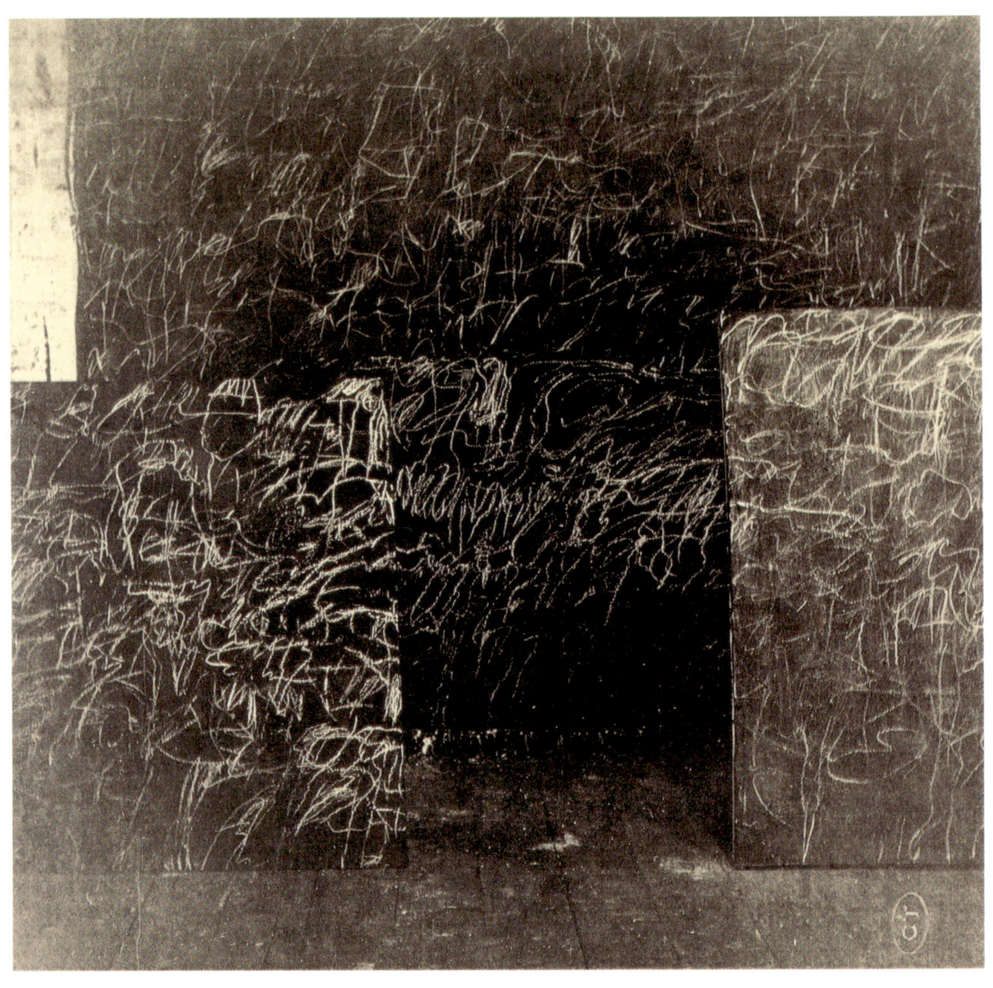

III

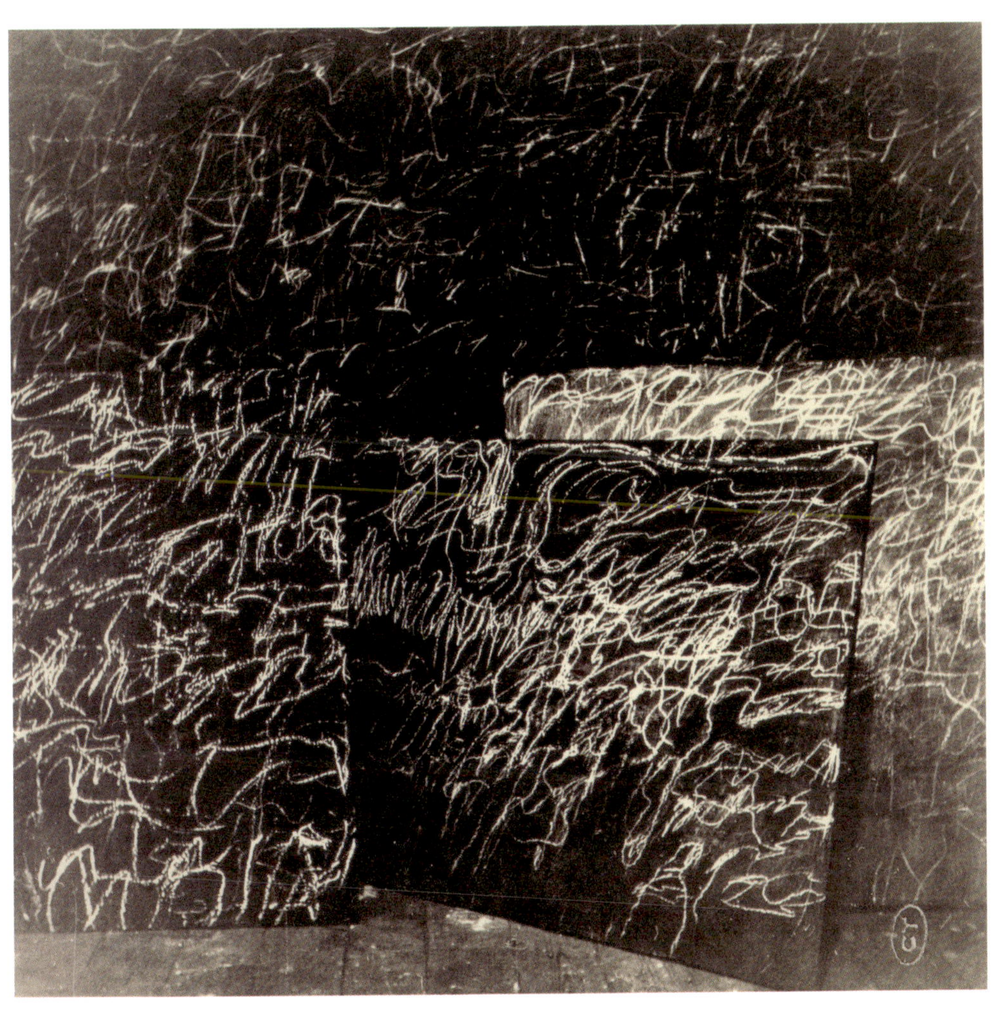

IV

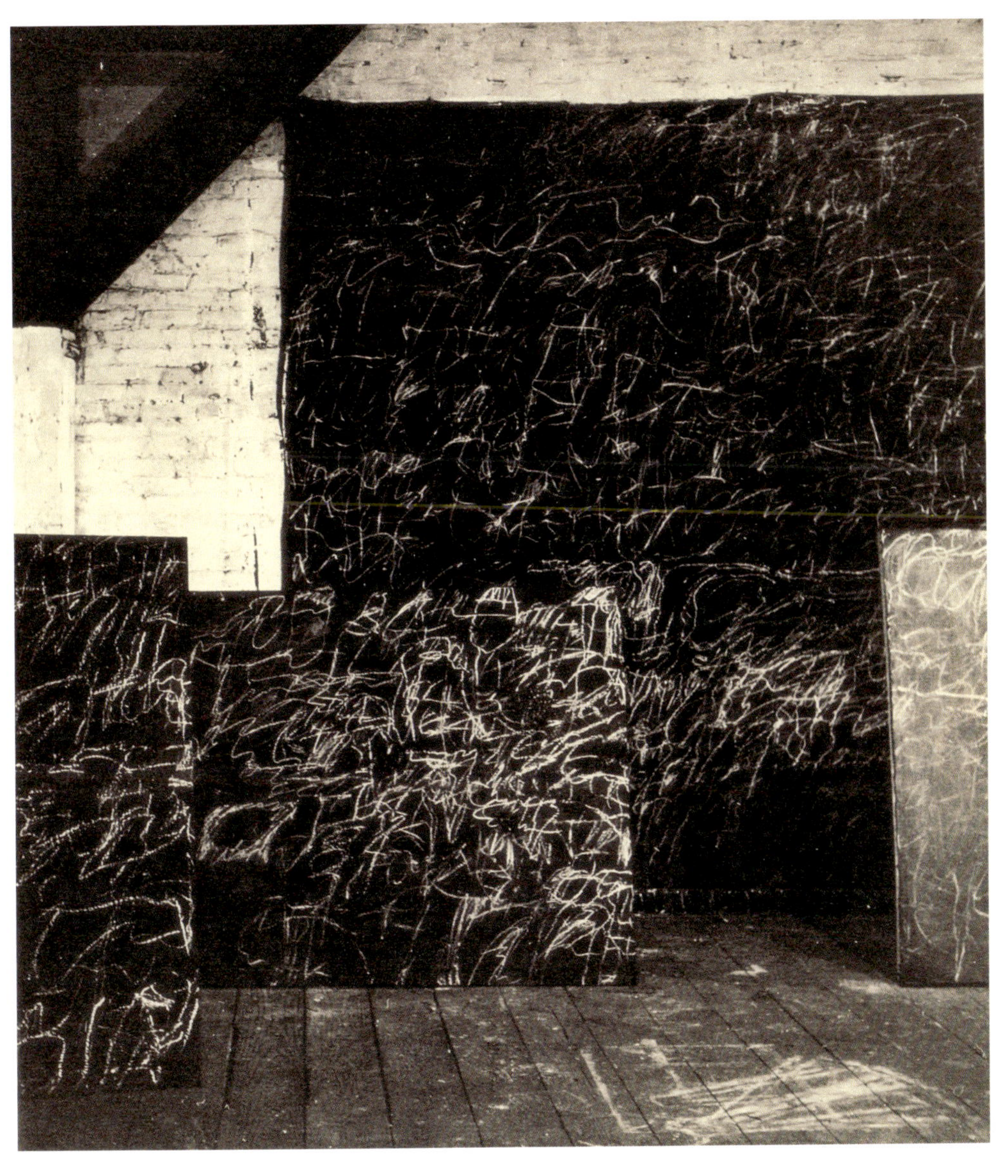

V

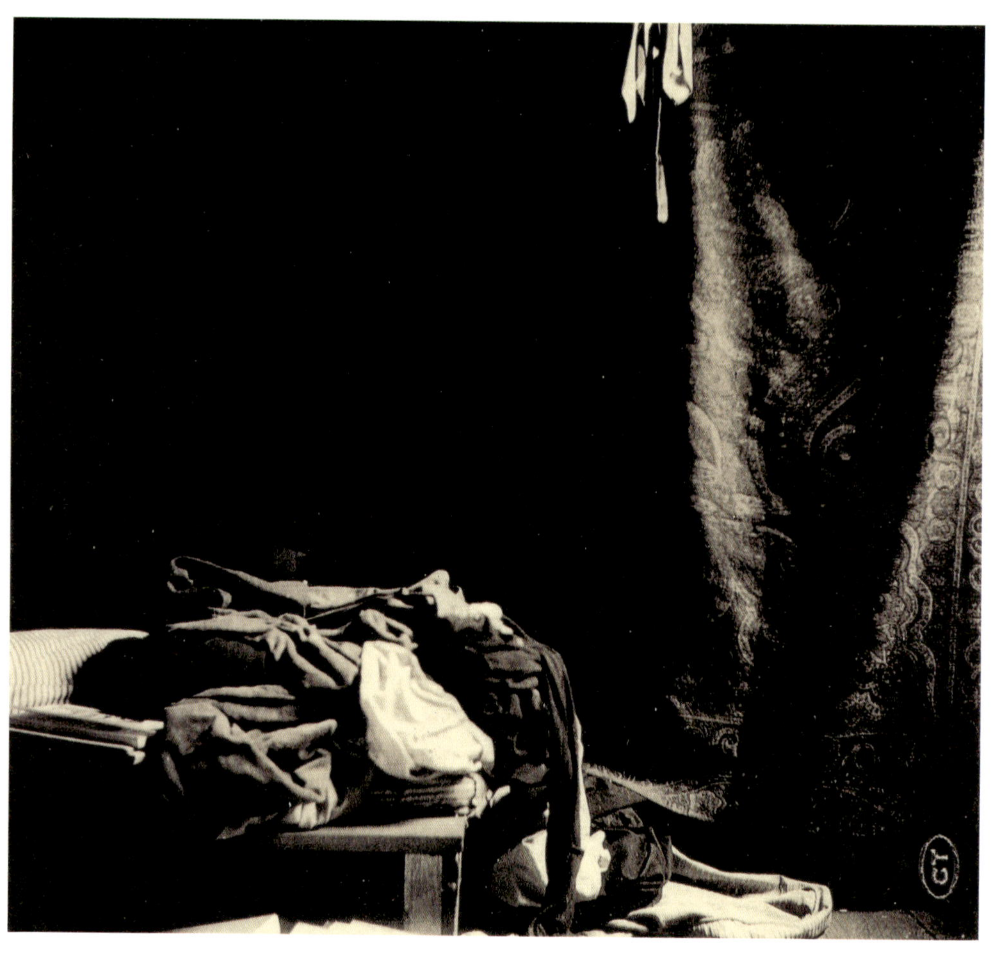

VI

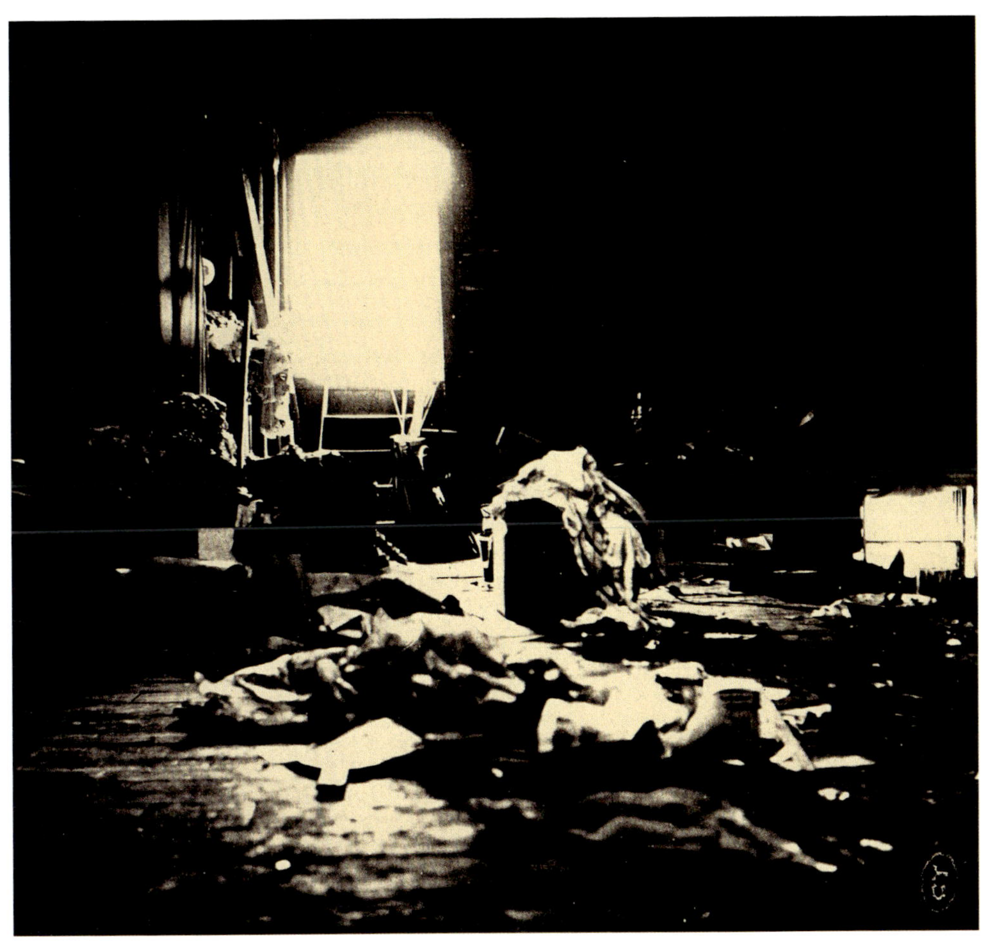

VII

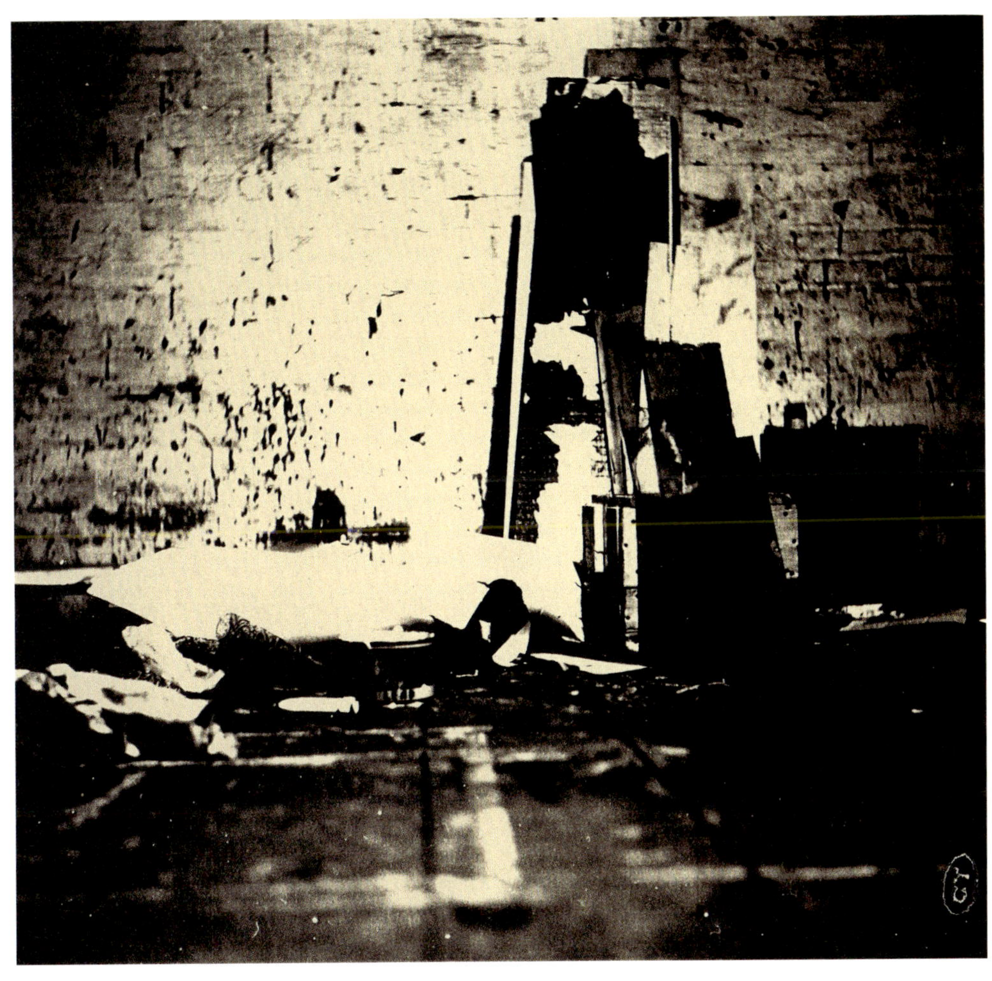

VIII

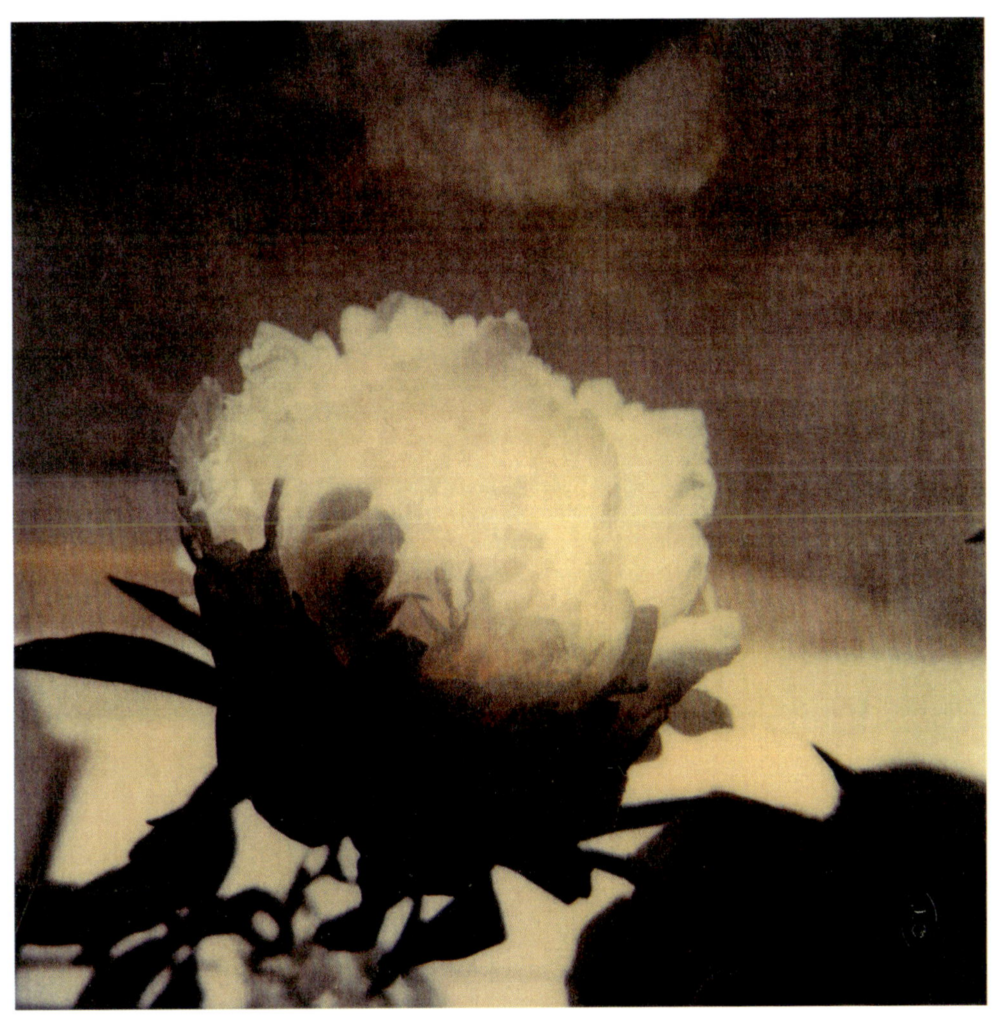

IX

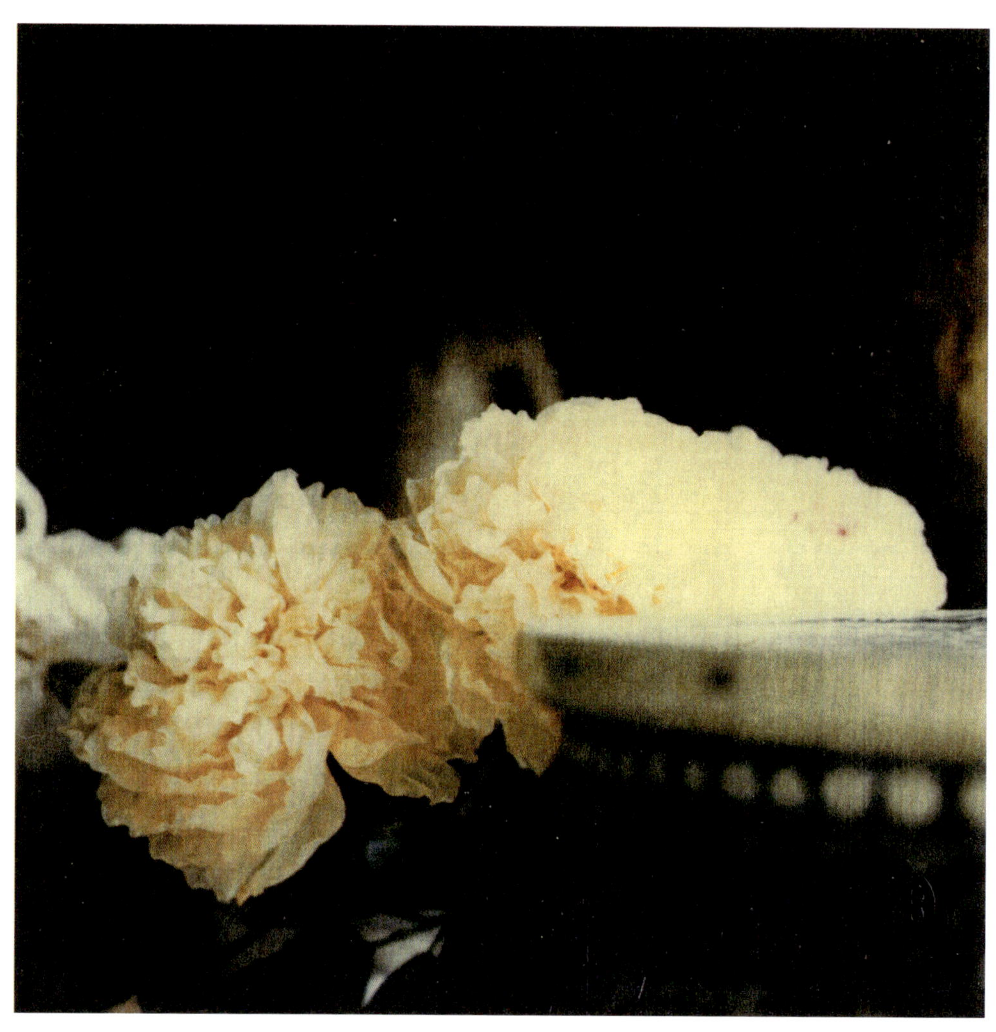

X

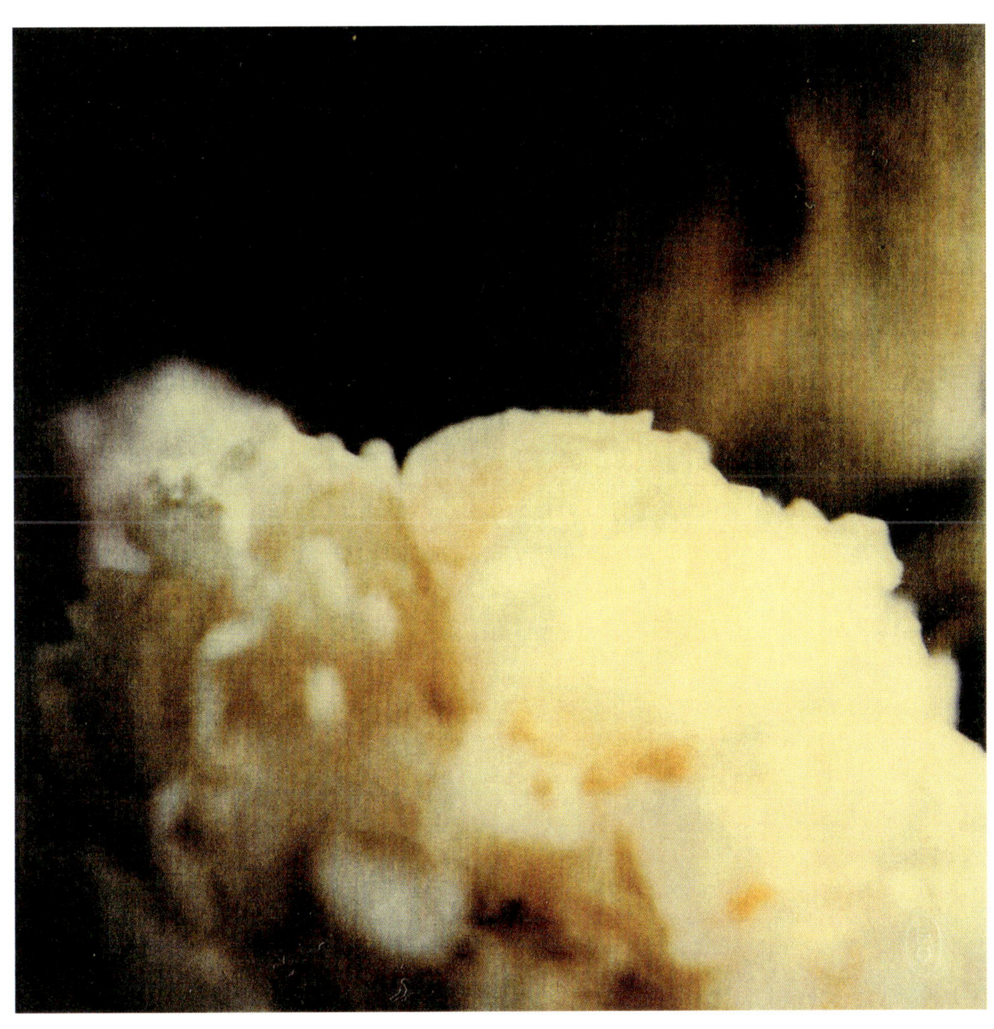

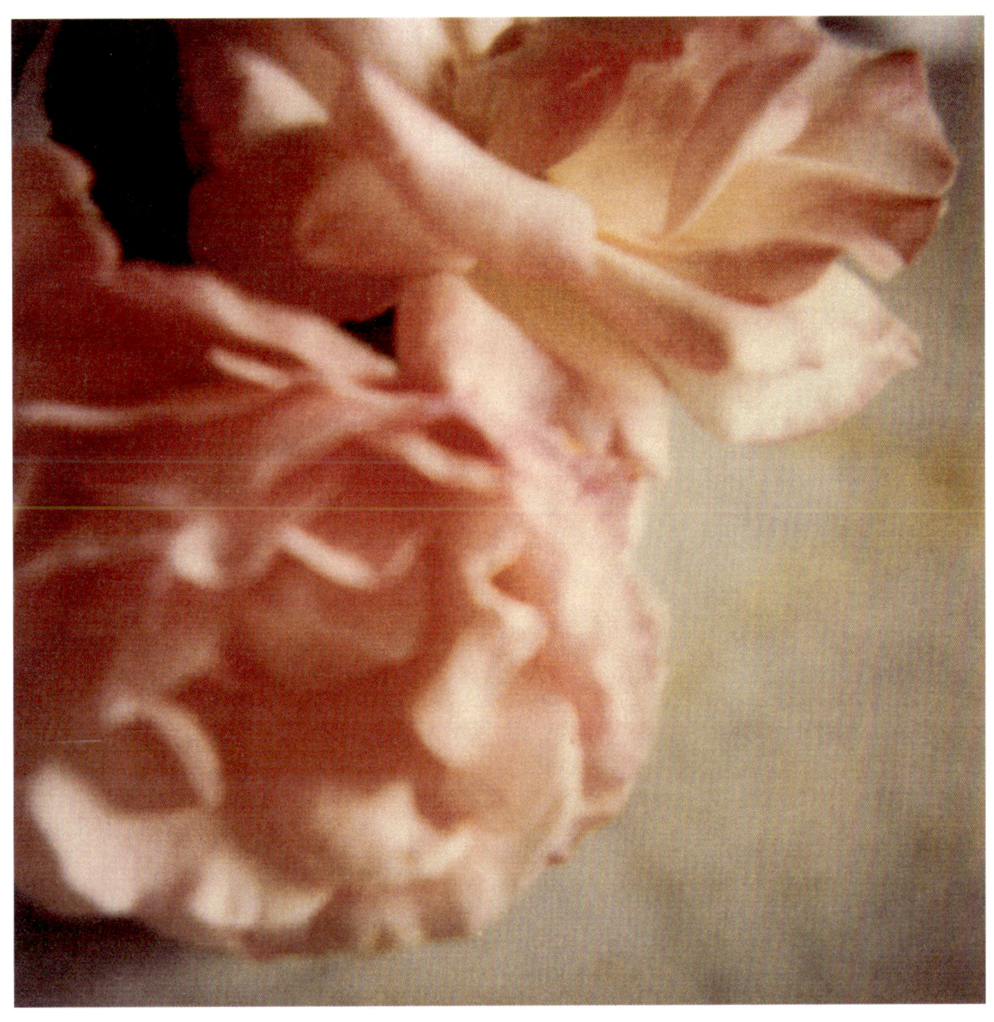

XII

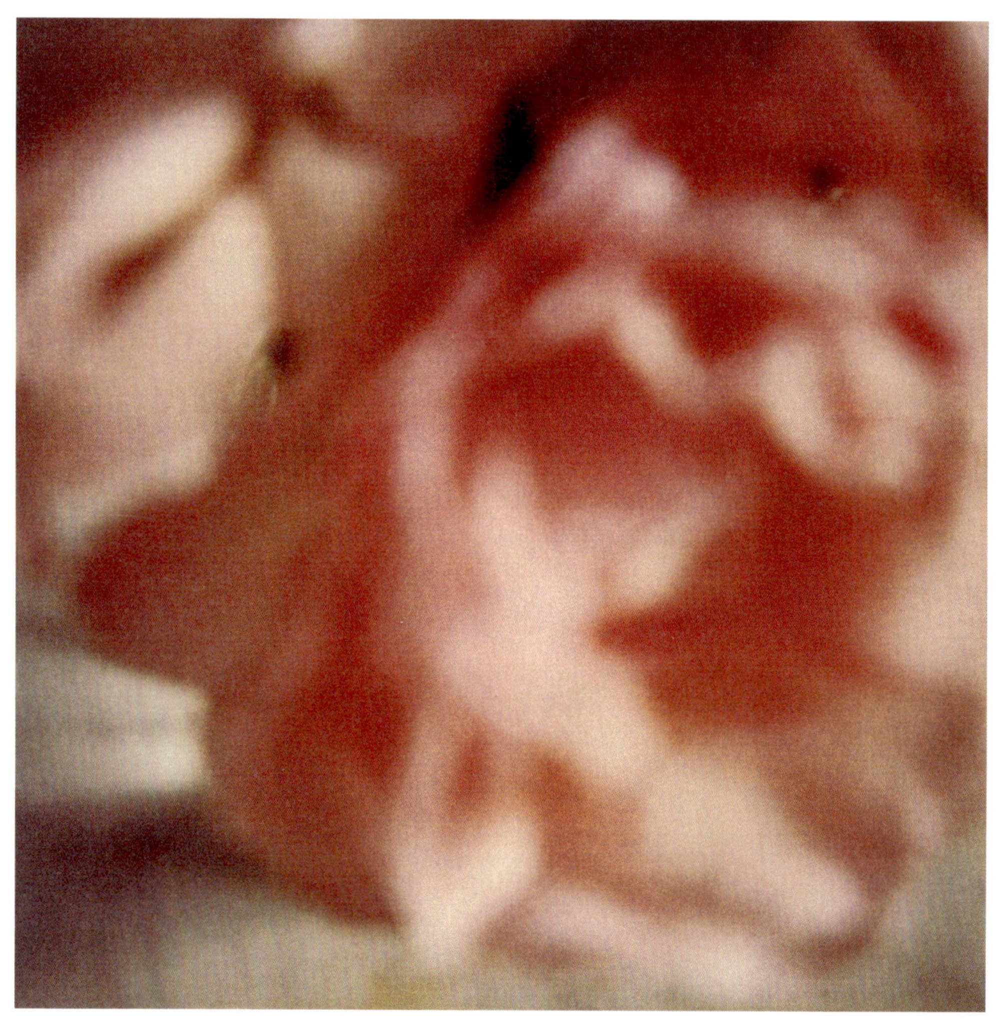

XIII

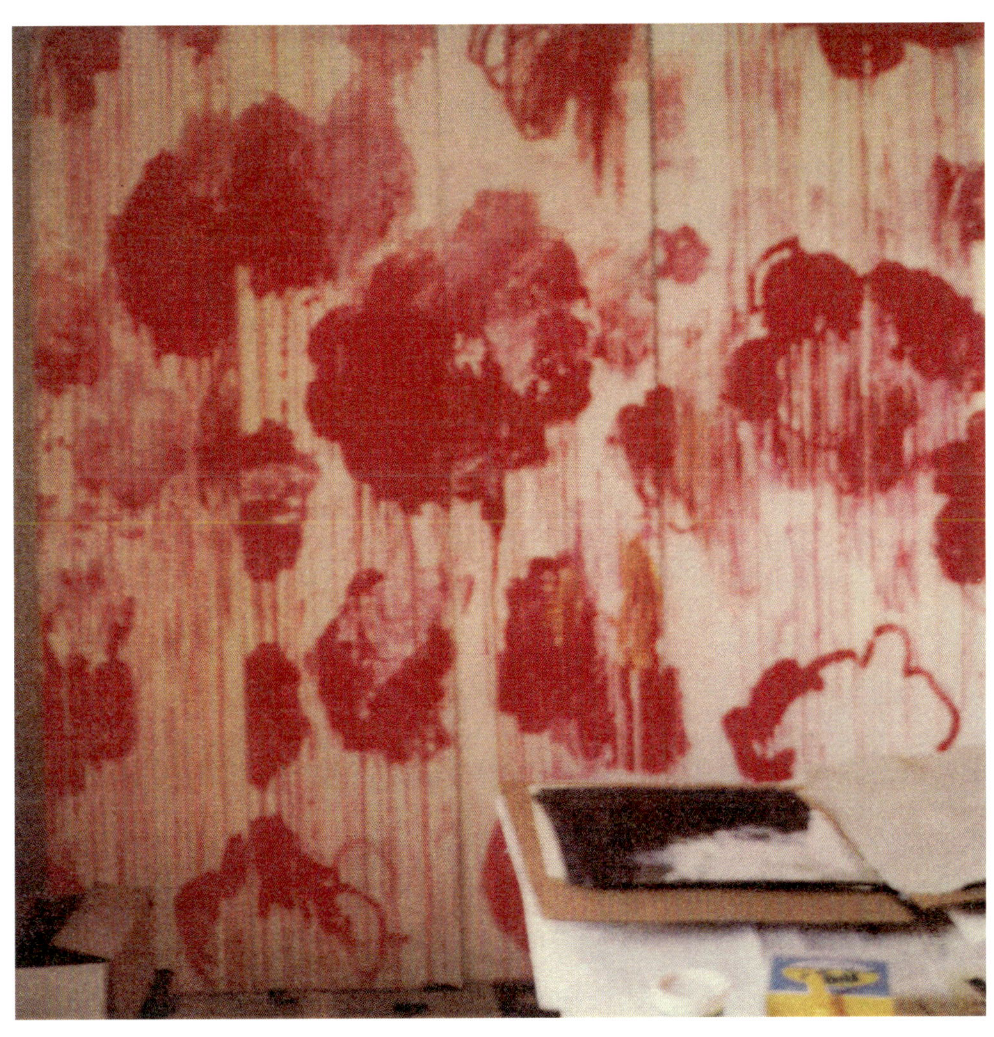

XIV

XV

XVI

XVII

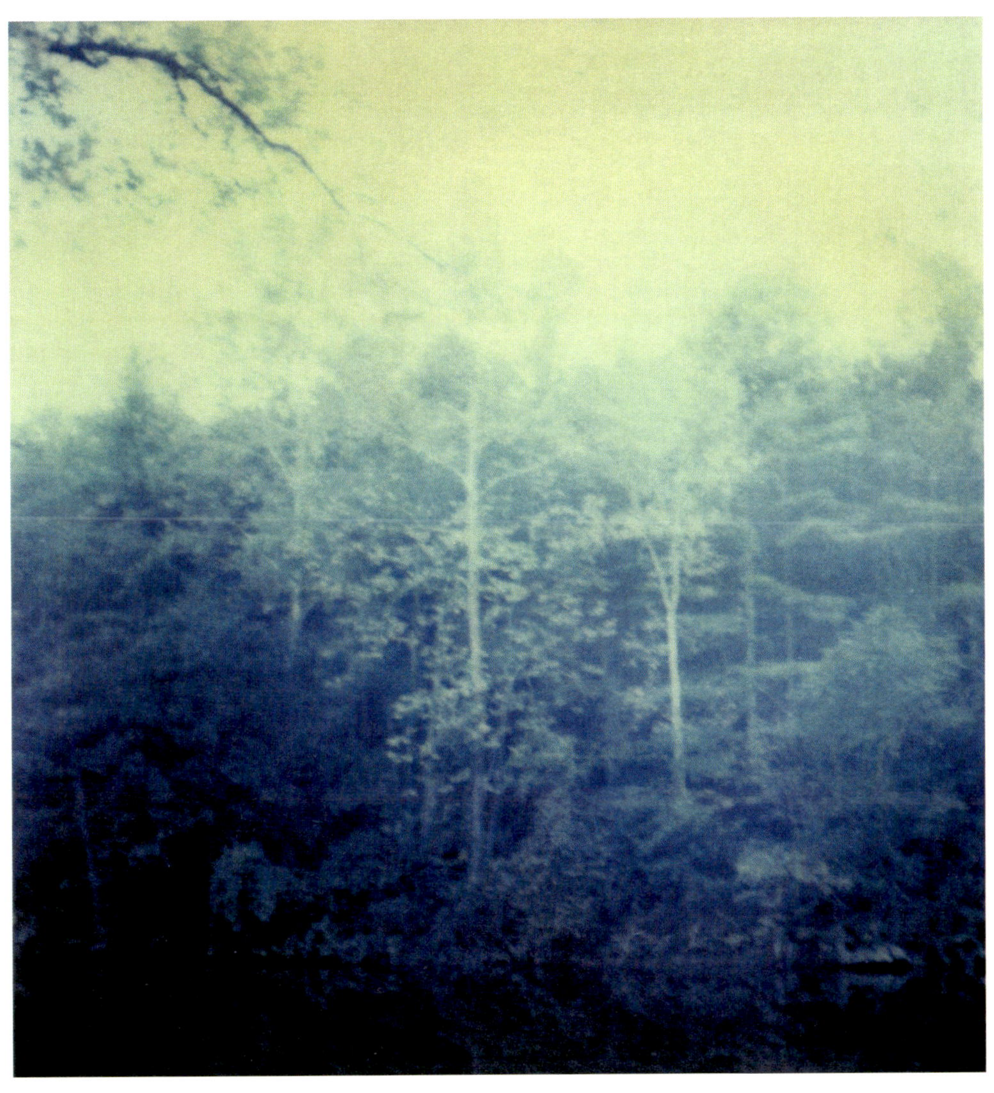

XVIII

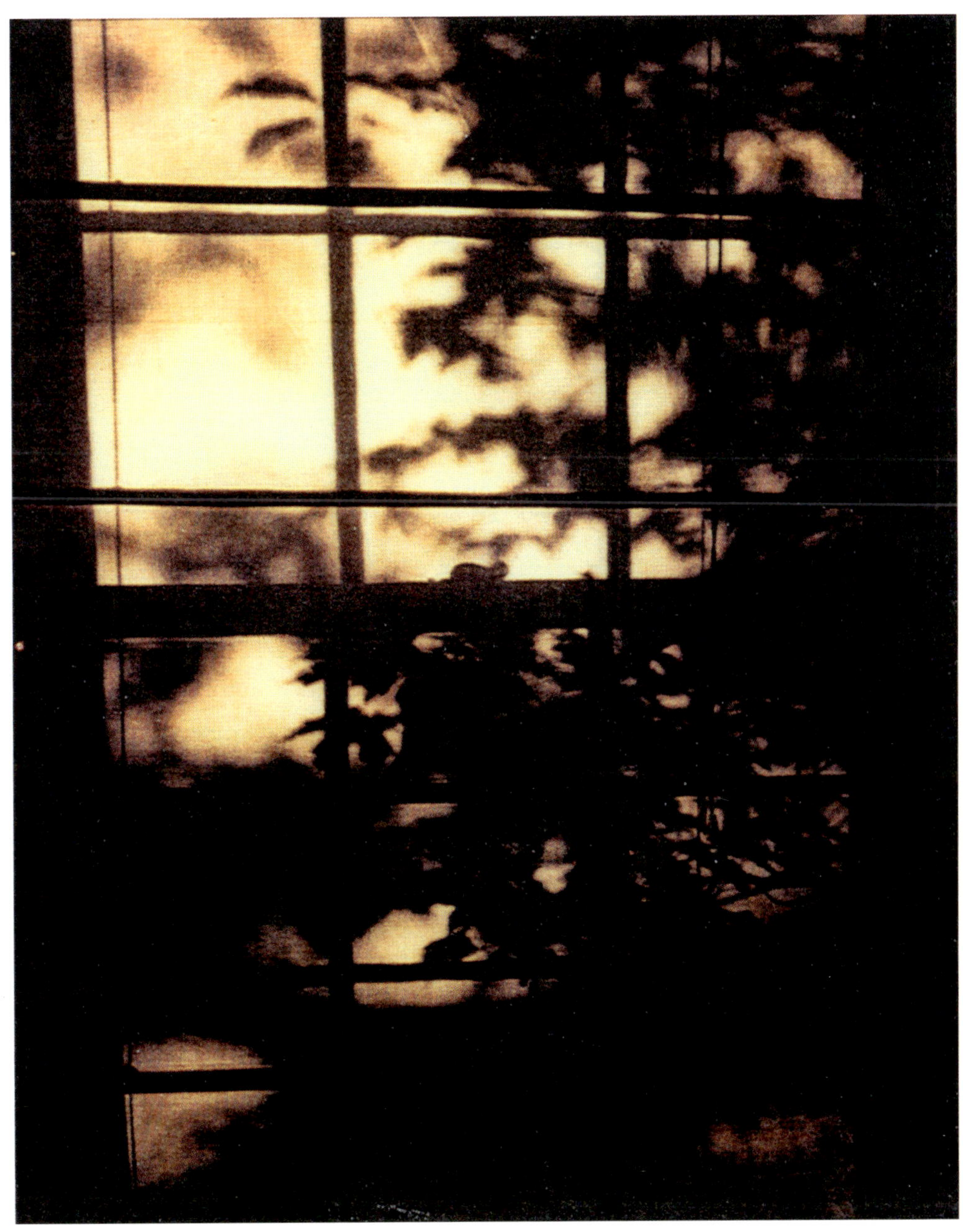

XIX

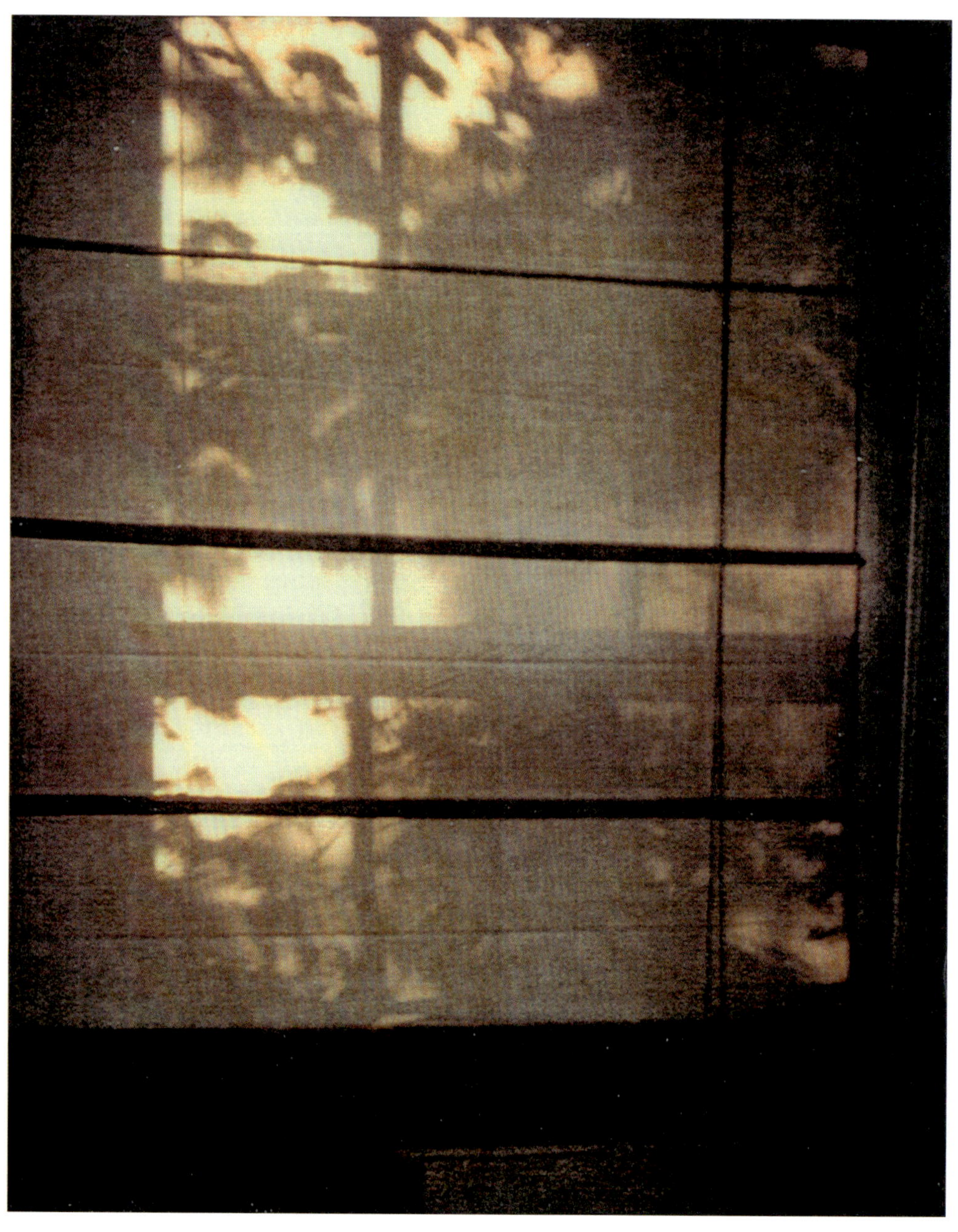

XX

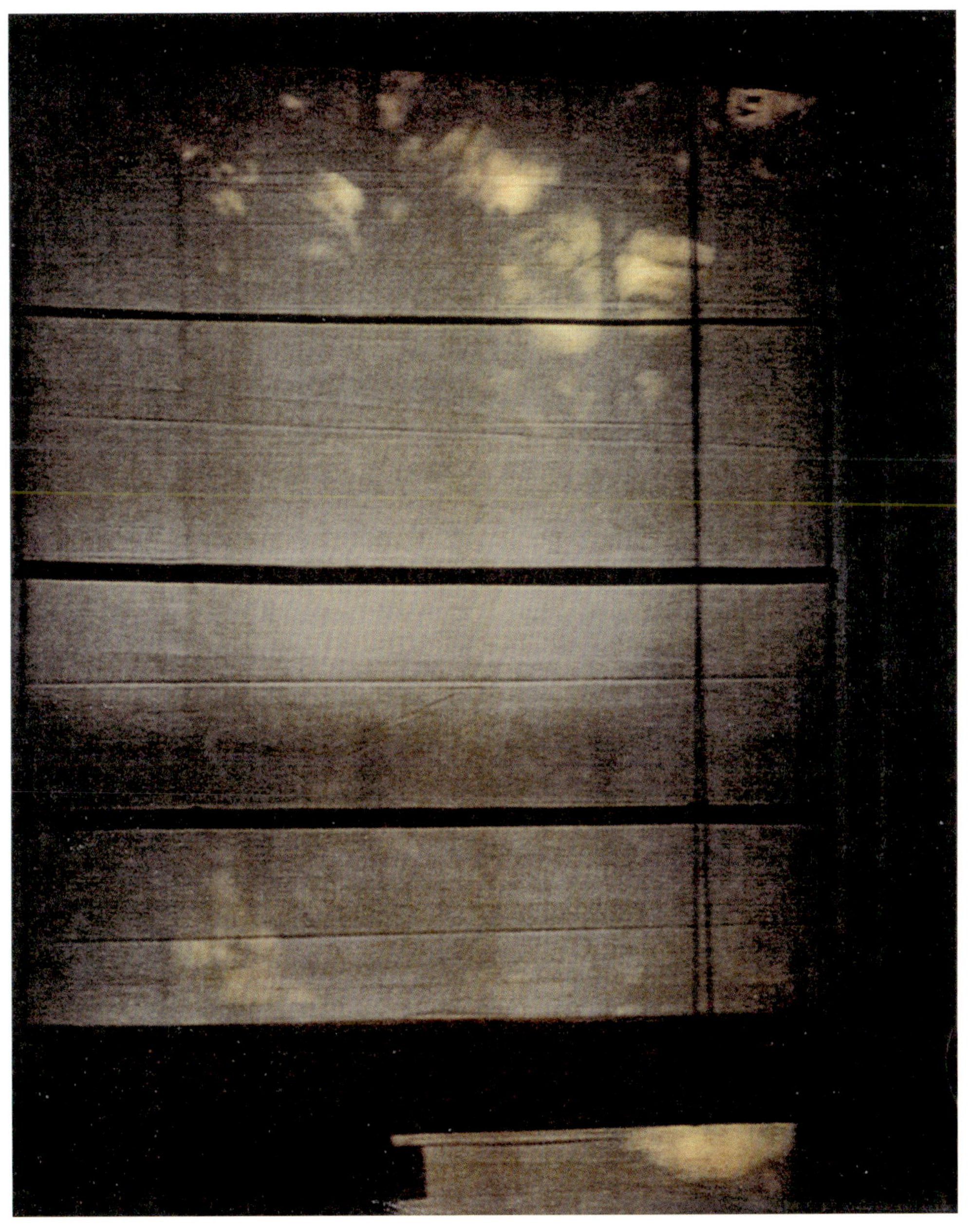

XXI

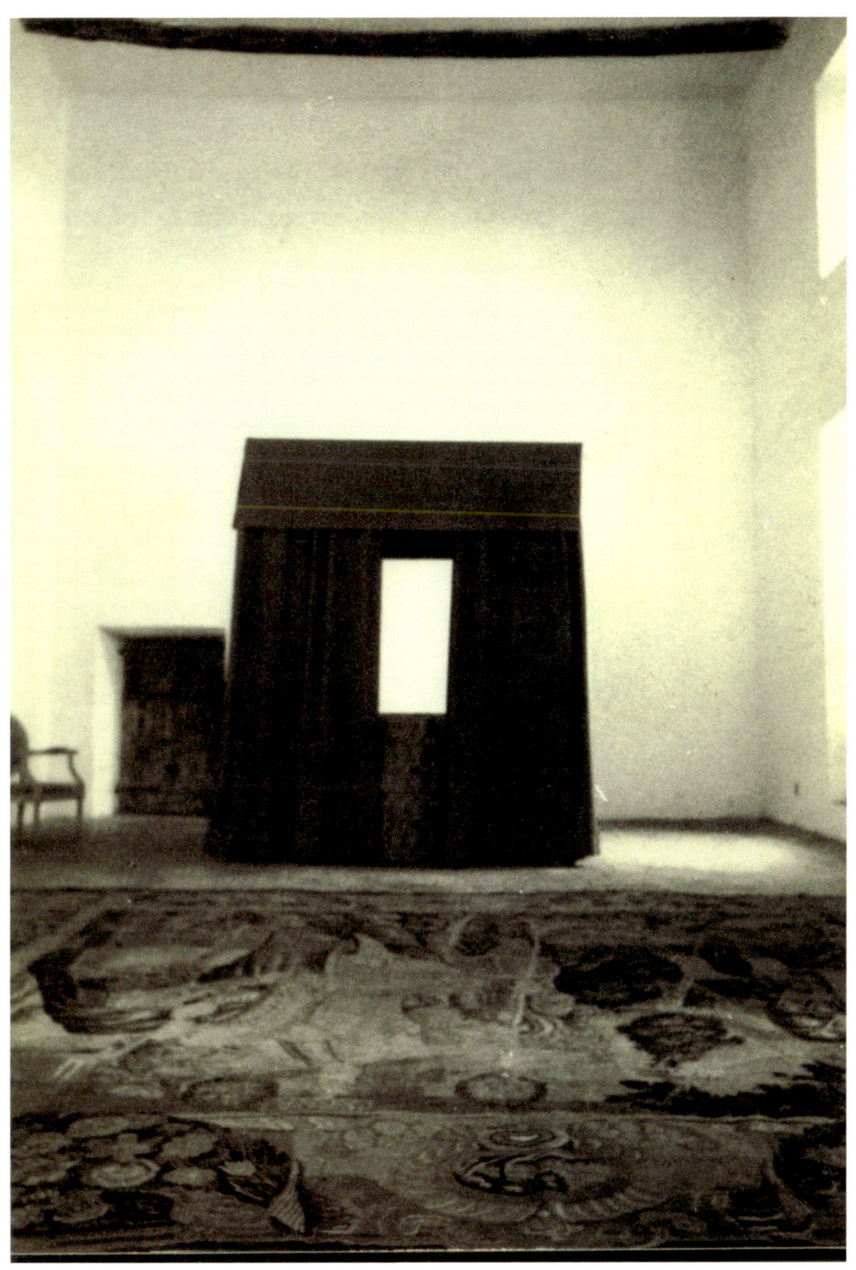

XXII

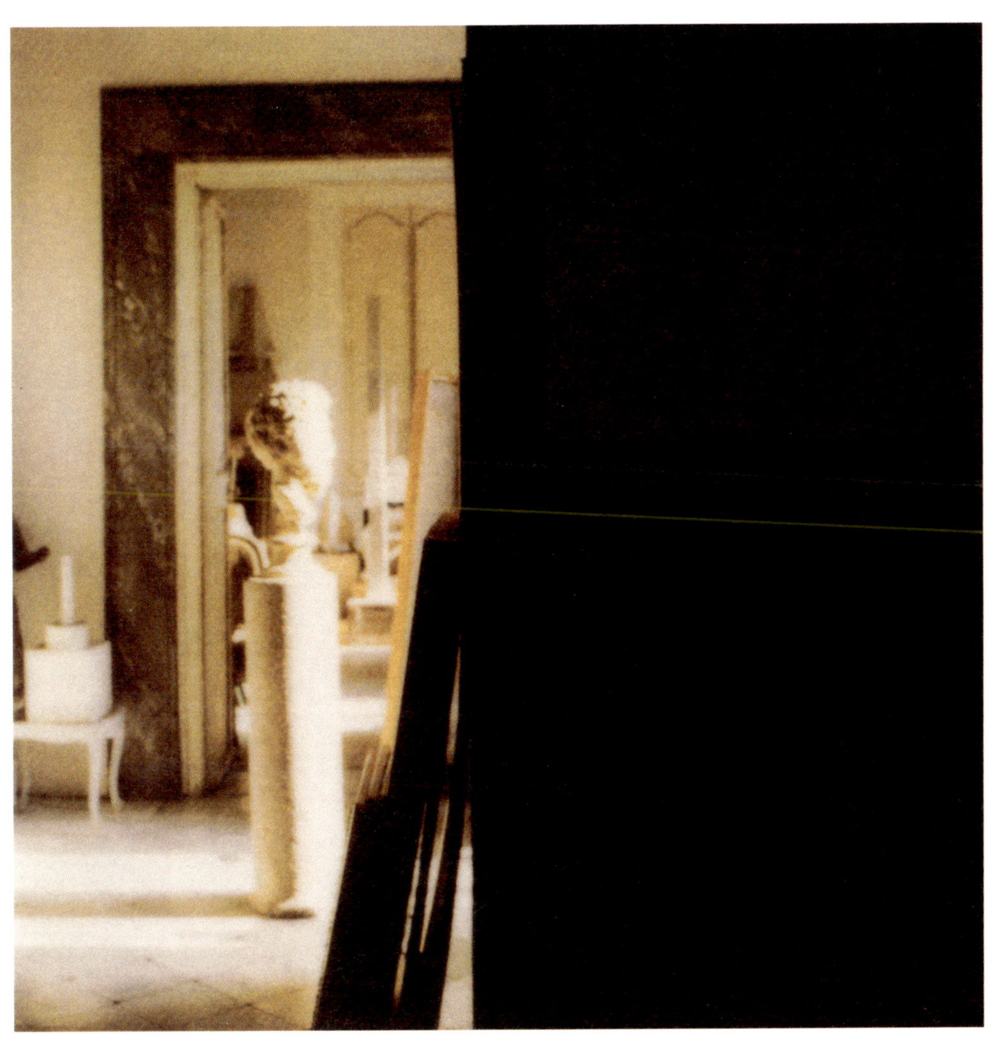

XXIII

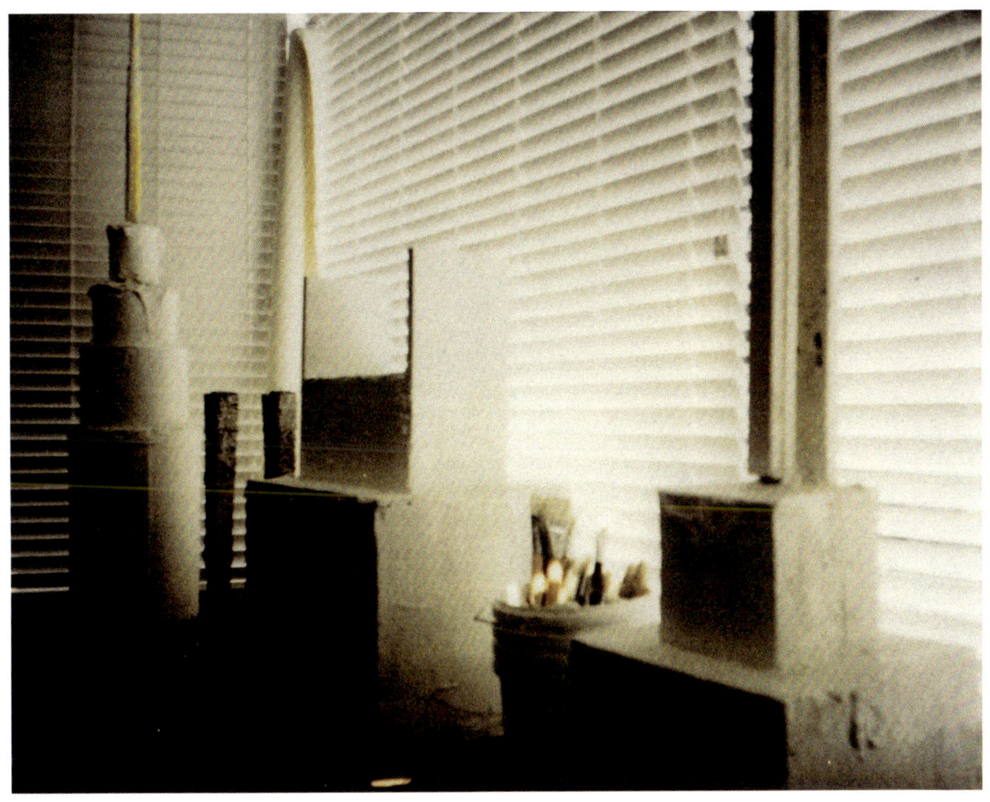

XXIV

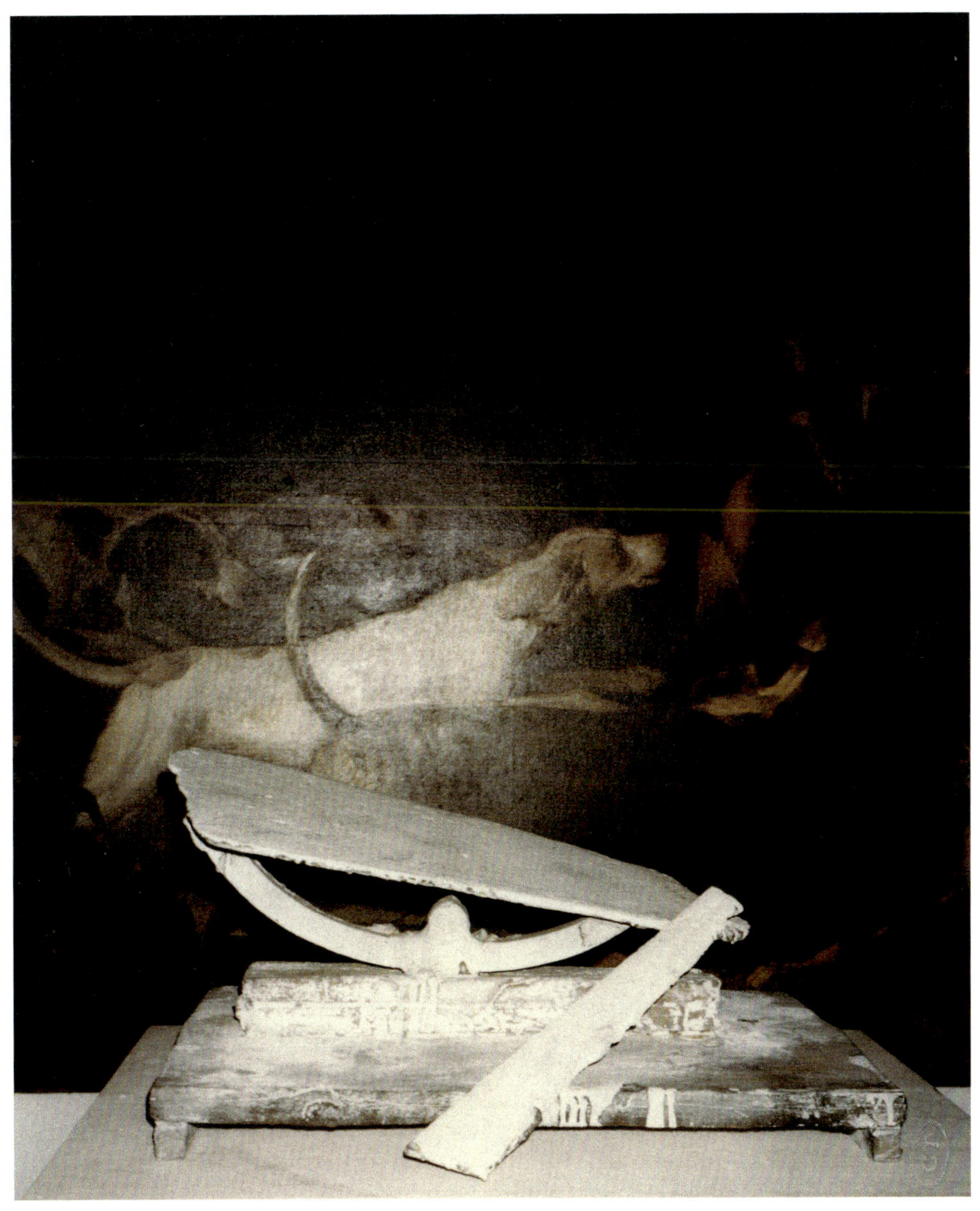

XXV

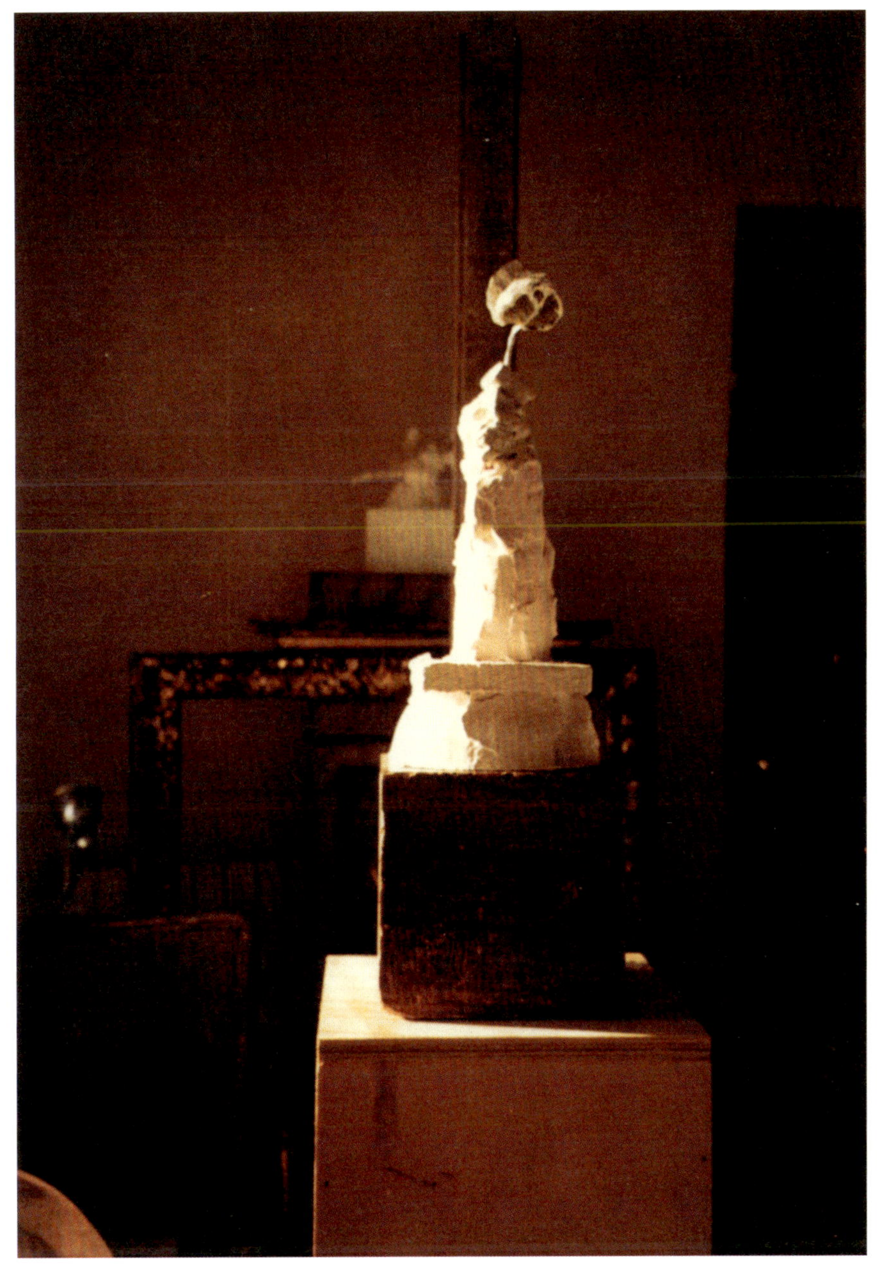

XXVI

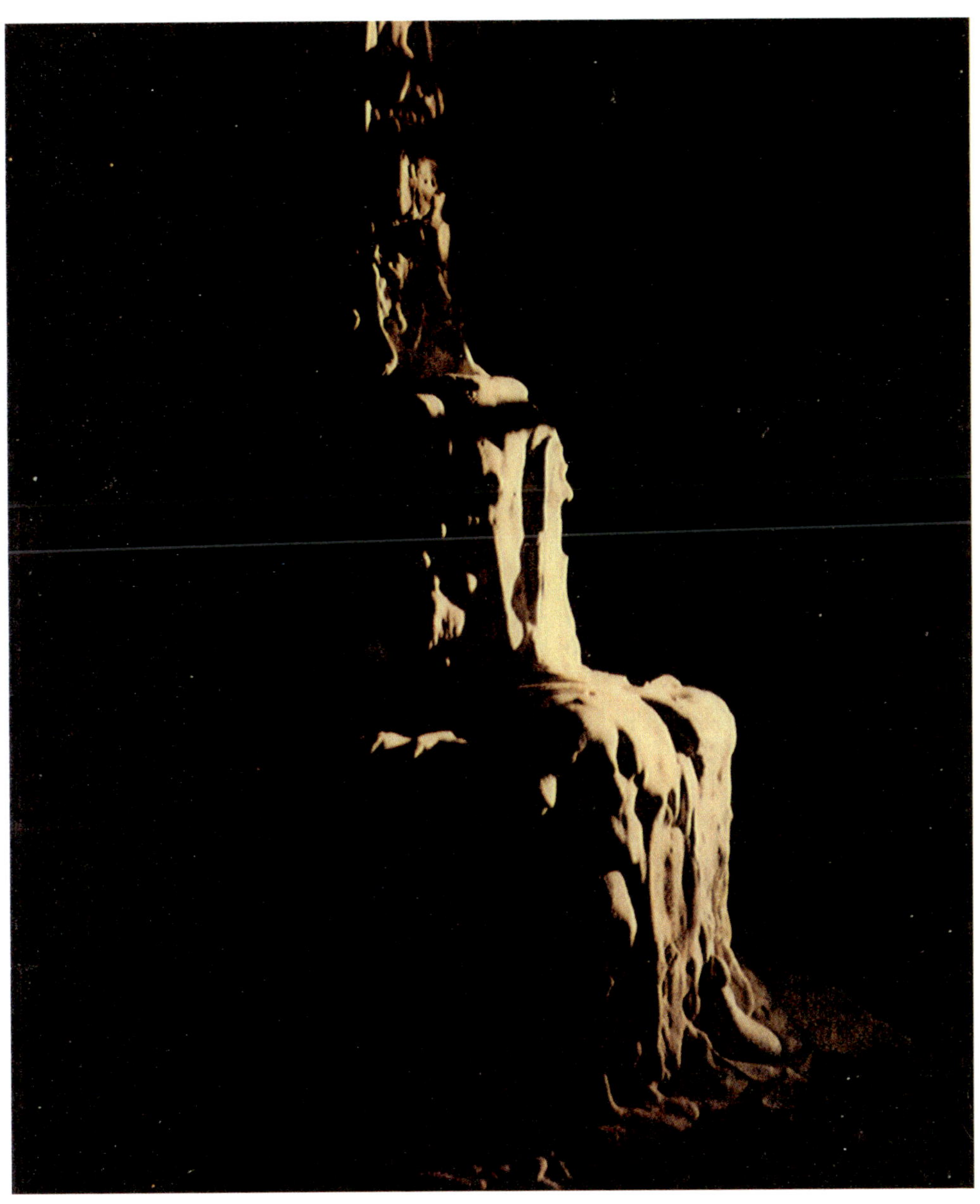

XXVII

XXVIII

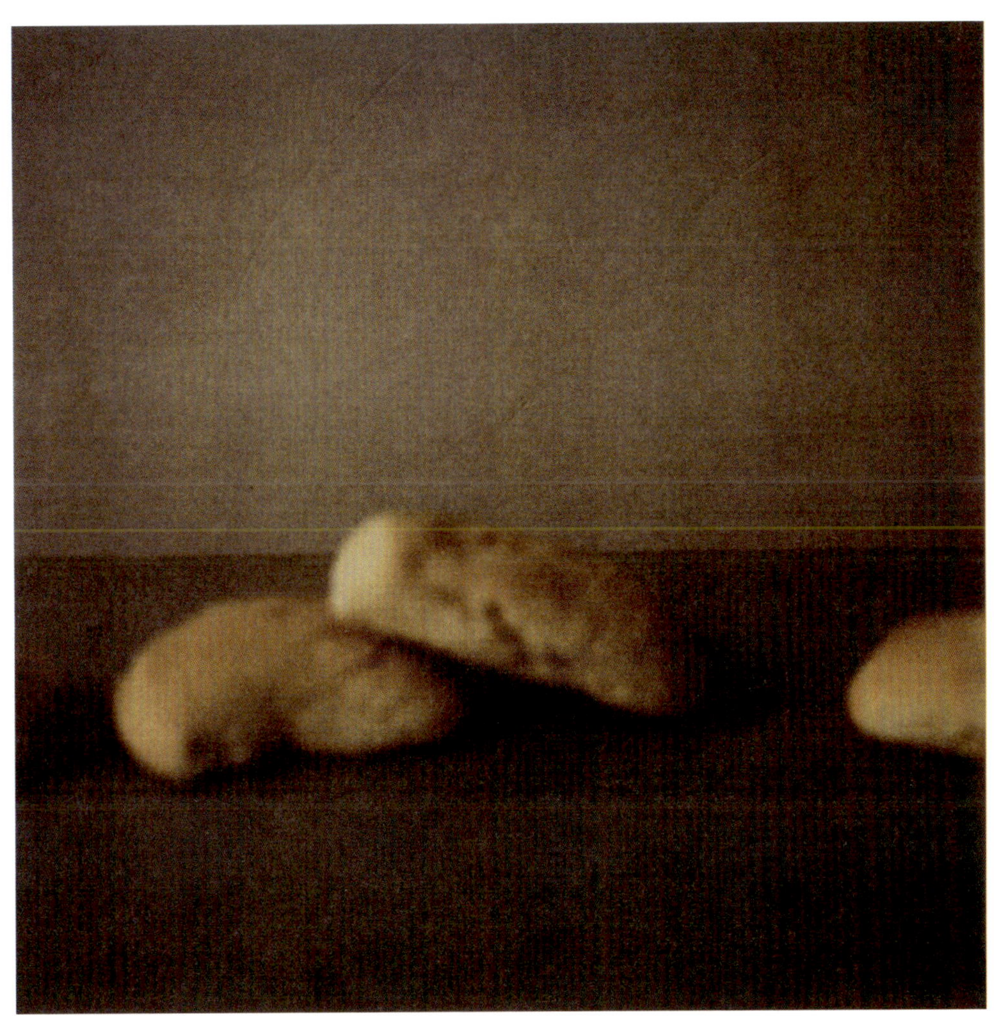

XXIX

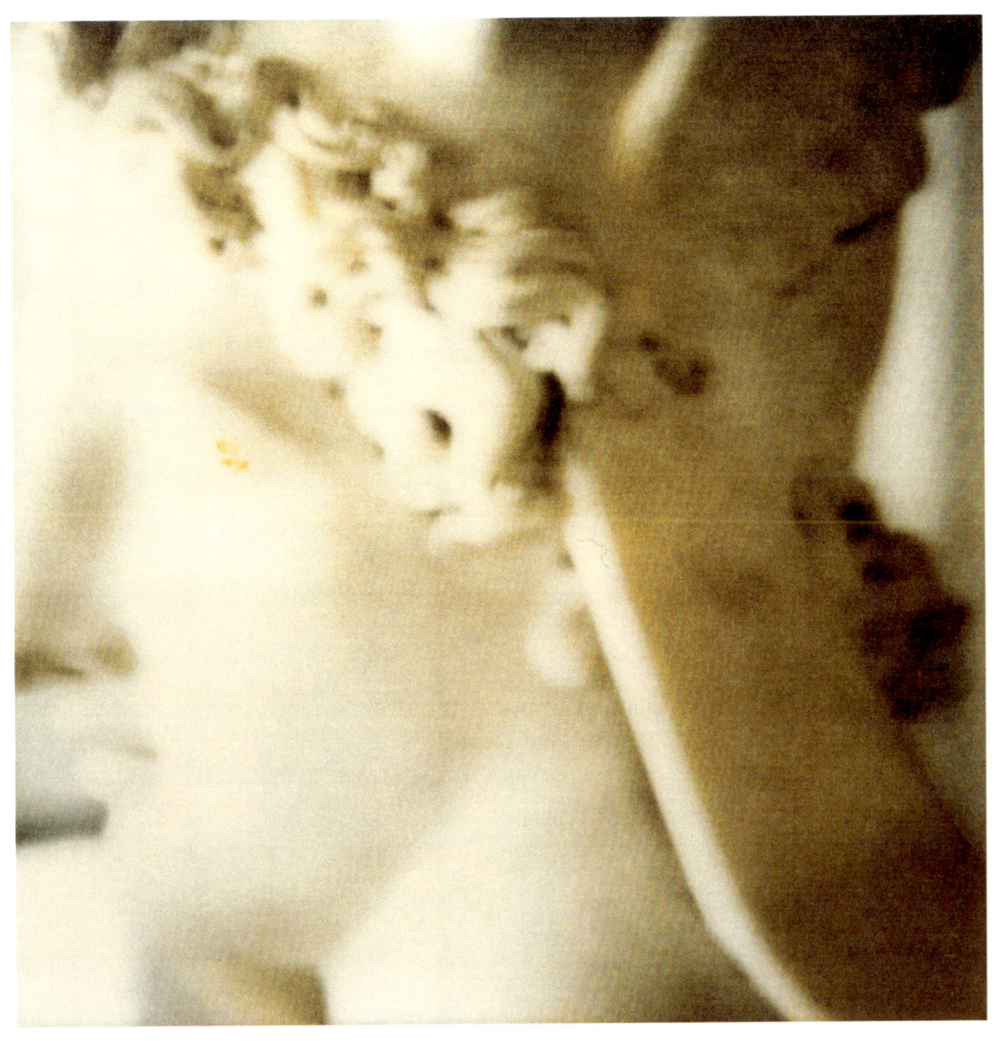

XXX

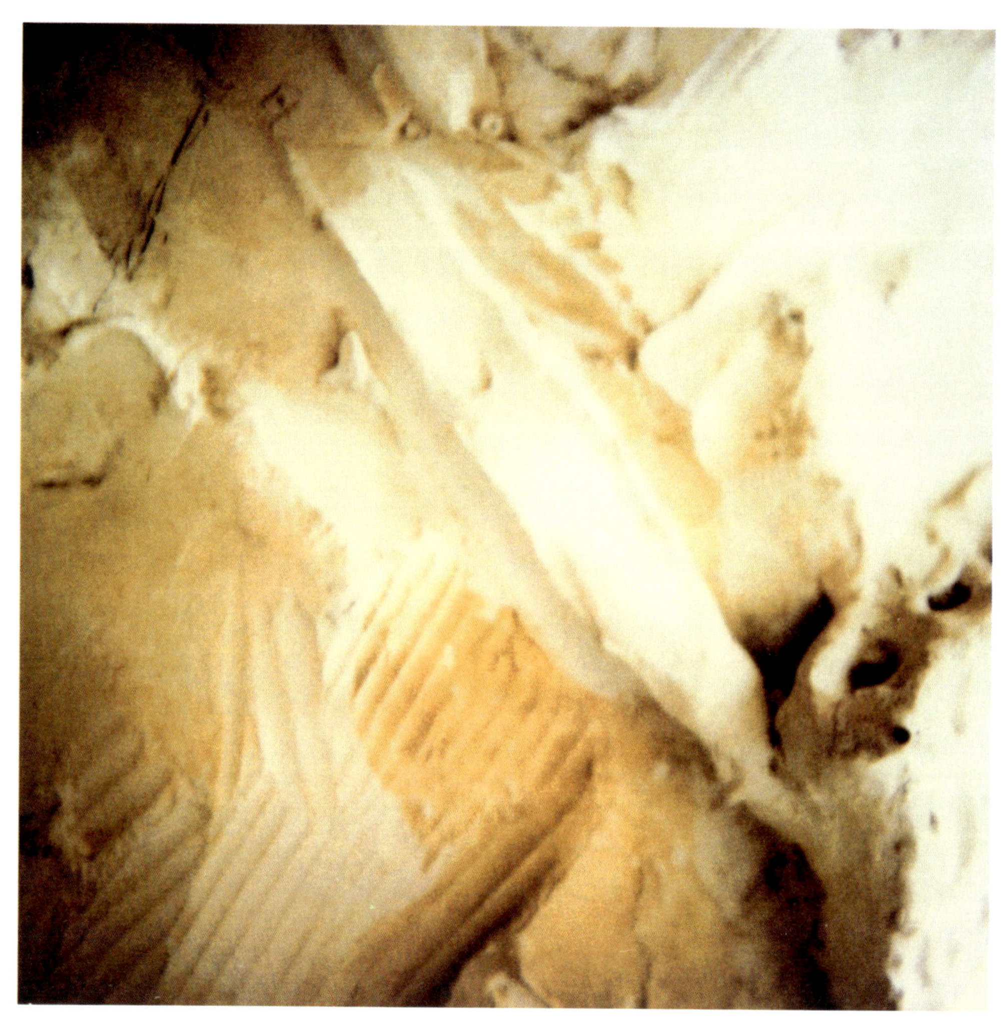

XXXI

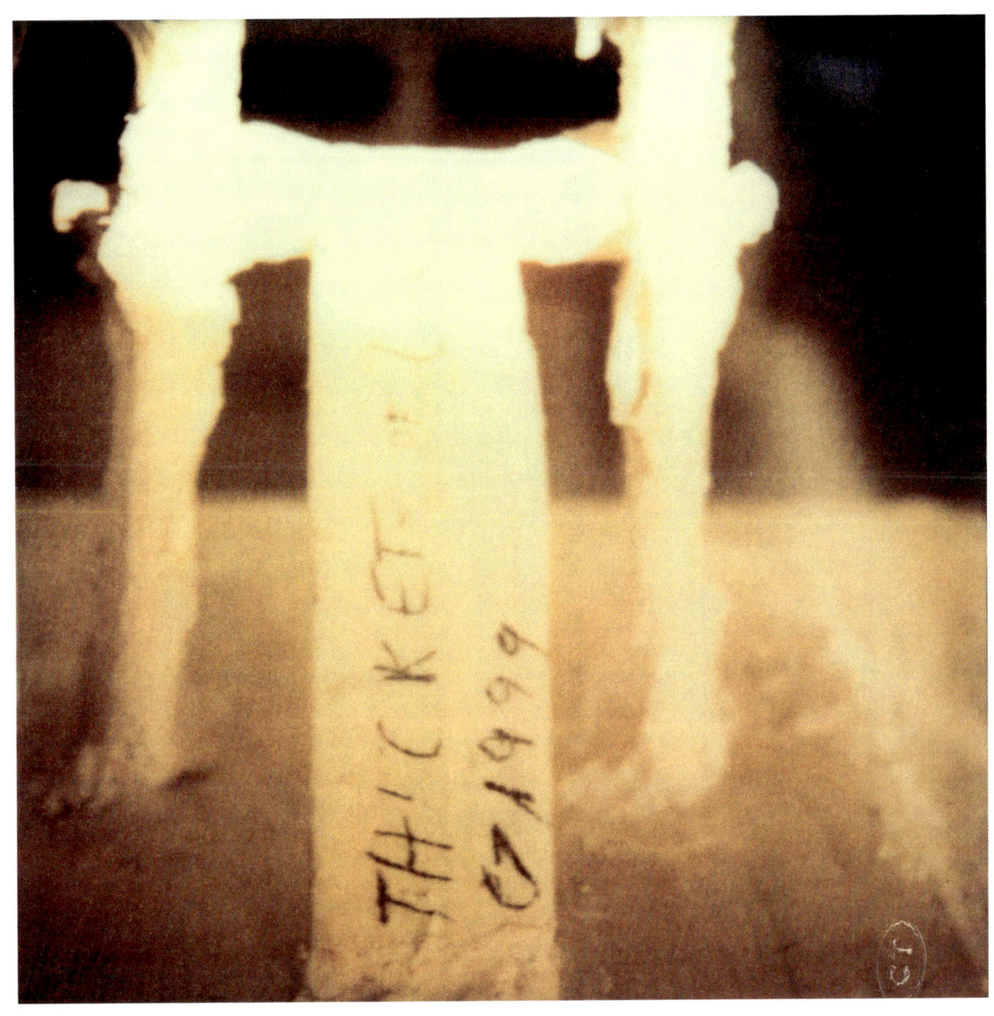

XXXII

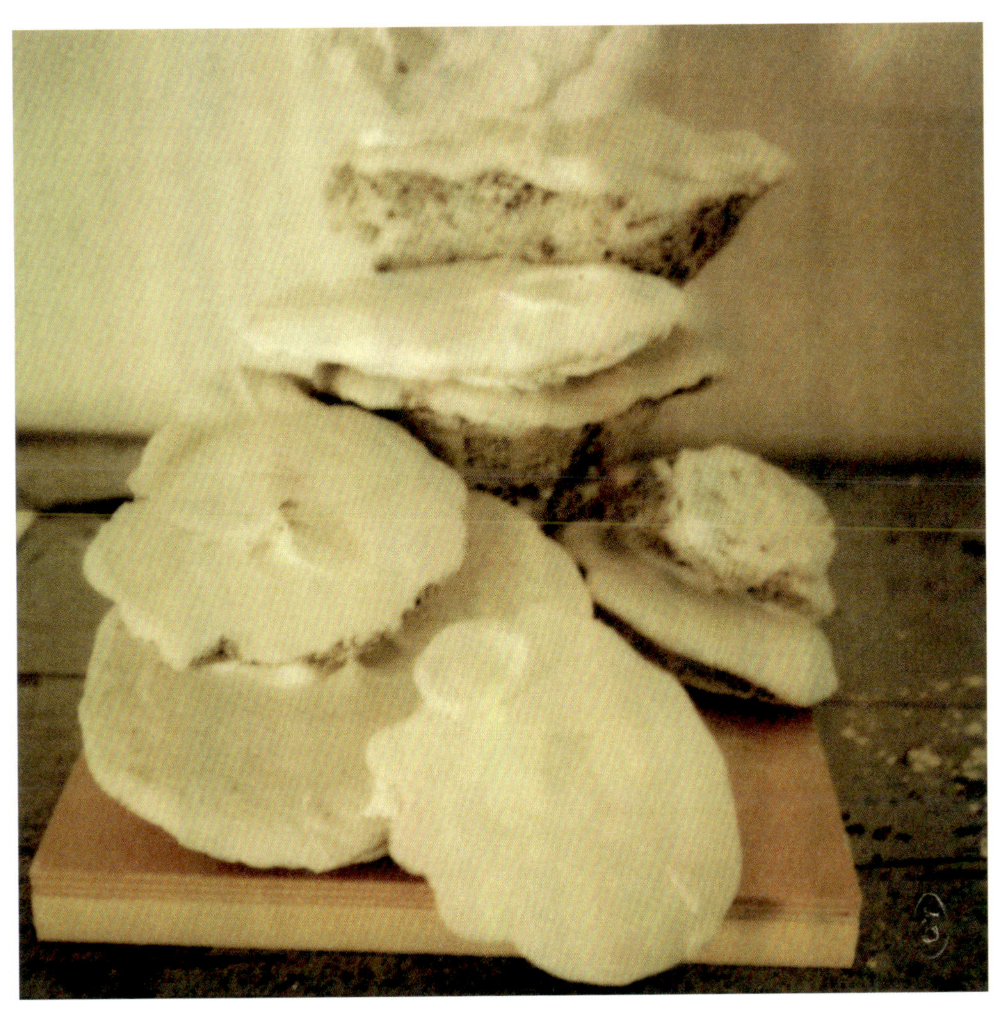

XXXIII

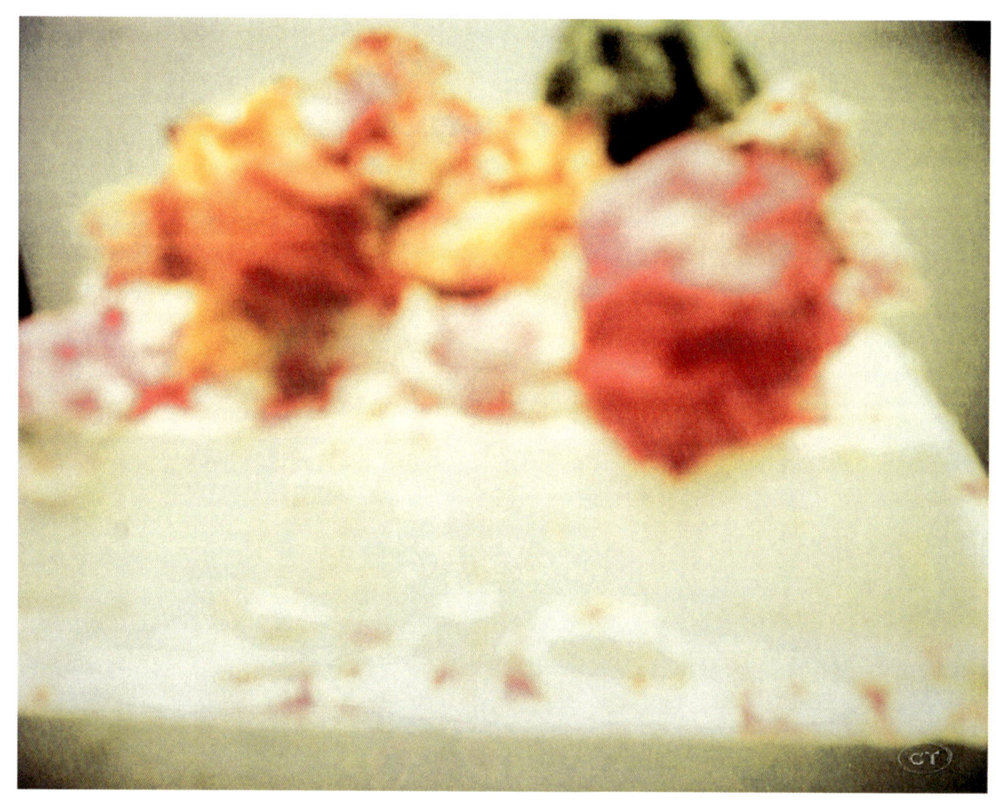

XXXIV

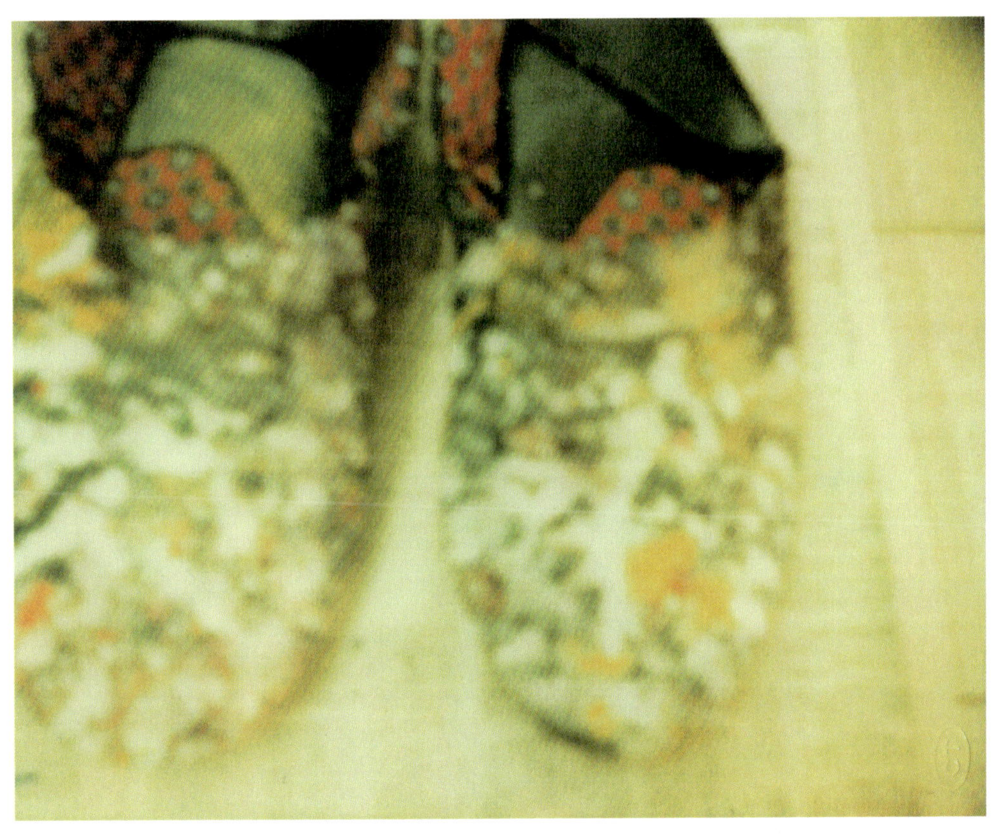

XXXV

Tafelverzeichnis / List of Plates

Die folgenden Angaben gelten für alle Arbeiten
Maße: 43,1 x 27,9 cm / 17 x 11 inches
Medium: Dry-Print auf Karton

The following specifications apply to all works
Measurements: 43.1 x 27.9 cm / 17 x 11 inches
Medium: dry-print on cardboard

I. Self-portrait of the artist as a young landscapist / *C. Twombly with painting box + umbrella of Charles Woodbury*. Ogunquit, MN, 1944
(signiert: *Cy Twombly*, o. Nr.; Inv. Nr. 1)

II. *Fulton St. Studio*. NYC, 1954
(signiert: *Cy Twombly*, Nr. 2/6, Prägestempel CT; Inv. Nr. 2)

III. *Fulton St. Studio*. NYC, 1954
(signiert: *Cy Twombly*, Nr. 2/6, Prägestempel CT; Inv. Nr. 3)

IV. *Fulton St. Studio*. NYC, 1954
(signiert: *Cy Twombly*, Nr. 2/6, Prägestempel CT; Inv. Nr. 4)

V. *Fulton St. Studio*. NYC, 1954
(signiert: *CT*, Nr. 3/6; Inv. Nr. 5)

VI. *Fulton St. Studio*. NYC, 1954
(signiert: *Cy Twombly*, Nr. 4/12, Prägestempel CT; Inv. Nr. 6)

VII. *Robert Rauschenberg combine material*. Fulton St. Studio, NYC, 1954
(signiert: *Cy Twombly*, Nr. 4/6, Prägestempel CT; Inv. Nr. 7)

VIII. *Robert Rauschenberg combine material*. Fulton St. Studio, NYC, 1954
(signiert: *Cy Twombly*, Nr. 4/6, Prägestempel CT; Inv. Nr. 8)

IX. *Tree-peony*. Bassano in Teverina, 1980
(signiert: *Cy Twombly*, Nr. 7/16; Inv. Nr. 9)

X. *Peonies.* Bassano in Teverina, 1980
(signiert: *Cy Twombly*, Nr. 2/6, Prägestempel CT; Inv. Nr. 10)

XI. *Peonies.* Bassano in Teverina, 1980
(signiert: *Cy Twombly*, Nr. 6/6; Inv. Nr. 11)

XII. *Roses.* Gaeta, 2004
(signiert: *CT*, Nr. 2/6; Inv. Nr. 27)

XIII. *Roses.* Gaeta, 2004
(signiert: *CT*, Nr. 2/6; Inv. Nr. 28)

XIV. *Unfinished Painting.* Gaeta, 2006
(signiert: *CT*, Nr. 2/6; Inv. Nr. 33)

XV. *Bay of Gaeta*, 2005
(signiert: *CT*, Nr. 4/6; Inv. Nr. 30)

XVI. *Bay of Gaeta*, 2005
(signiert: *CT*, Nr. 4/6; Inv. Nr. 31)

XVII. *Bay of Gaeta*, 2005
(signiert: *CT*, Nr. 4/6; Inv. Nr. 32)

XVIII. *Lexington*, 2002
(signiert groß: *CT*, Nr. 2/6; Inv. Nr. 25)

XIX. *Window Screen.* Lexington, 1997
(signiert: CT, AP, Prägestempel CT; Inv. Nr. 18)

XX. *Window Screen.* Lexington, 1997
(signiert: *CT*, AP, Prägestempel CT; Inv. Nr. 17)

XXI. *Window Screen.* Lexington, 1997
(signiert: *CT*, AP, Prägestempel CT; Inv. Nr. 16)

XXII. *Interior.* Bassano in Teverina, 1980
(signiert: *CT*, Nr. 3/3; Inv. Nr. 12)

XXIII. *Interior.* Rome, 2003
(signiert: *CT*, Nr. 1/6; Inv. Nr. 26)

XXIV. *Studio Lexington*, 2002
(signiert: *Cy Twombly*, Nr. 1/6,
Gummistempel Studio Viorel, Gaeta; Inv. Nr. 21)

XXV. *Painting Detail and „By the Ionian Sea" Sculpture.*
Bassano in Teverina, 1992 (signiert: *CT*, Nr. 2/6; Inv. Nr. 13)

XXVI. *Sculpture.* Gaeta, 2002
(signiert: *CT*, Nr. 1/3; Inv. Nr. 34)

XXVII. *The Mathematical Dream of Ashurbanipal.* Lexington, VA, 1999
(signiert: Cy Twombly, Nr. 5/6; Inv. Nr. 19)

XXVIII. *Bay of Naples*, 1994
(signiert: *Cy Twombly*, Nr. 2/6, Prägestempel CT; Inv. Nr. 15)

XXIX. *Bread.* Gaeta, 2004
(signiert: *CT*, Nr. 4/6; Inv. Nr. 29)

XXX. *Detail of Neoclassic Sculpture.* Gaeta, 1992
(signiert: CT, Nr. 2/6; Inv. Nr. 14)

XXXI. *Sculpture Detail*, 2002
(signiert: Cy Twombly, Nr. 1/6; Inv. Nr. 24)

XXXII. *Sculpture Detail.* Gaeta, 1999
(signiert: *Cy Twombly*, 2/6; Inv. Nr. 20)

XXXIII. *Sculpture*, undated
(signiert groß: *CT*, Nr. 1/6, zweimal Prägestempel CT; Inv. Nr. 35)

XXXIV. *Sculpture Detail.* Lexington, 2002
(signiert: *Cy Twombly*, Nr. 1/6; Inv. Nr. 23)

XXXV. *The Artist's Shoes.* Lexington, 2002
(signiert: *Cy Twombly*, Nr. 1/6, Prägestempel CT; Inv. Nr. 22)